Volkmann-Schluck - Kants transzendentale Metaphysik und die Begründung der Naturwissenschaften

Karl-Heinz Volkmann-Schluck

Kants transzendentale Metaphysik und die Begründung der Naturwissenschaften

herausgegeben von
Lutz Koch und Ingeborg Strohmeyer

Königshausen & Neumann

Die Deutsche Bibliothek — CIP-Einheitsaufnahme

Volkmann-Schluck, Karl Heinz:
Kants transzendentale Metaphysik und die Begründung der Naturwissenschaften / Karl-Heinz Volkmann-Schluck. Hrsg. von Lutz Koch und Ingeborg Strohmeyer. - Würzburg : Königshausen und Neumann, 1995
ISBN 3-8260-1034-5

Druck: Verlag Königshausen & Neumann, GmbH
Gedruckt auf säurefreiem, alterungsbeständigem Papier
Bindung: Rimparer Industriebuchbinderei GmbH

Printed in Germany
ISBN 3-8260-1034-5

INHALT

EINLEITUNG

Von den beiden Teilen der Vorlesungsüberschrift spricht uns der zweite, "die Begründung der Naturwissenschaften", unmittelbar an. Denn die Naturwissenschaften mit ihrer immer stärker werdenden Verschmelzung mit der selbst wiederum wissenschaftlich geprägten Technik bilden die Basis für die technisch-industrielle Vormachtstellung der modernen Gesellschaft, welche über die politisch und ökonomisch zum Globus gewordene Erde mehr und mehr übergreift. Wir sprechen daher mit Recht von einer wissenschaftlich-technischen Welt, in welcher der Mensch heute und in Zukunft sein Leben einzurichten hat. In letzter Zeit haben vor allem Genetik, Biochemie, ehemals physiologische Chemie genannt, und Informatik im Verein mit der Computer-Technik von sich reden gemacht und sich zur Geltung gebracht, wenngleich die Physik die Grundwissenschaft geblieben ist.

Eine Betrachtung, welche der Begründung der Naturwissenschaften nachgeht, fördert keine neuen naturwissenschaftlichen Erkenntnisse zutage, sondern sie ist von einer zweifachen Frage geleitet: Was ist diese Wissenschaft, d.h., welche ist die Art ihres Wissens? Welche sind ihre Wissensgegenstände, welche ihre Wissensziele? Welche sind ihre Methoden? Unter welchem Wahrheitsanspruch stehen die Naturwissenschaften?

Die damit verbundene andere Frage lautet: Wie ist eine solche Wissenschaft überhaupt möglich? Was ermöglicht ihr, diese Wissenschaft zu sein, die sie ist?

Begründung der Naturwissenschaften als Thema der Philosophie meint: Bestimmung der Naturwissenschaften in Hinsicht auf ihr Wesen und ihre Wesensmöglichkeit. Es wird sich zeigen, daß diese Frage ihre äußerste Schärfe im Blick auf die Wissenschaft von der organisch-lebendigen Natur erhält.

Während also der zweite Bestandteil des Titels der Vorlesung unser Interesse unmittelbar auf sich zieht, ist es mit dem ersten Teil etwas anders bestellt. Die Ausdrücke "Metaphysik" und "transzendental" unterliegen einem Vorurteil. "Metaphysik": ist das nicht etwas Statisch-Ungeschichtliches, Geschichtsuntüchtiges, ja sogar Geschichts- und Lebensverhältnisse Stillstellendes, gesellschaftliche Machtverhältnisse Stabilisierendes? Ist es nicht das Verdienst Hegels, die undialektische Metaphysik dialektisch verflüssigt zu haben, wenngleich sich bei ihm die dialektischen Prozesse statt in der gesellschaftlichen Wirklichkeit nur im Bewußtsein, also in bloßen Gedanken abspielen? Und gar "transzendentale Metaphysik"! "Transzendental" kommt von "Transzendenz", welches Wort ja das "Jenseitige" bedeutet. Indem die transzendentale Metaphysik in ihrer jenseitigen Zielsetzung das Leben hier und jetzt übersteigt, lenkt sie die Kräfte des Menschen von der Aufgabe ab, die es gegenwärtig zu meistern und zu bewältigen gilt: eine das Wohlergehen aller Menschen fördernde und garantierende Lebensgestaltung.

Diese schon lange im Umlauf befindlichen Vorstellungen von der Metaphysik als eines die Weltveränderung hemmenden, ja unterbindenden transzendenten Mystizismus ist nicht nur ein falsches, sondern sogar ein gefährliches Vorurteil - gefährlich, weil es uns gegen unsere geschichtliche Herkunft abriegelt. Aber ohne Herkunft gibt es keine Zukunft, sondern nur eine Verlängerung der Gegenwart in eine leere Zukunft aus geschichtslosem Kalkül, ein wenig ästhetisch übermalt und gefärbt. Denn woher wollen wir die wesentlichen Möglichkeiten nehmen, die uns über das Bestehende hinwegtragen? Doch nicht aus dem Nichts! Wir können die zukunfterschließenden Möglichkeiten unseres Daseins nur aus unserer Herkunft entnehmen, also aus dem, was wir gewöhnlich die geschichtliche Überlieferung nennen, nicht aber so, daß wir das ehemals Gewesene lediglich zu wiederholen trachten, sondern daß wir in der Überlieferung bereits hinterlegte, aber noch verschlossene und der Befreiung harrende Möglichkeiten ins Offene zu entwerfen versuchen. Unsere geschichtliche Herkunft ist nun durch das bestimmt, was mit dem Namen "Metaphysik" benannt wird. Diese Metaphysik aber ist ihrerseits das Ganze ihrer Geschichte von den Griechen bis Hegel, Marx und Nietzsche.

Deshalb stellen wir in dieser Einleitung die Frage: Was ist die unsere Herkunft bestimmende Metaphysik? Und was ist die Metaphysik in einer ausgezeichneten Phase ihrer geschichtlichen Entfaltung im Denken Kants, die sogenannte "transzendentale Metaphysik"? Und wie steht diese transzendentale Metaphysik zur Begründung der Naturwissenschaften? Wie, wenn sie uns einen Schlüssel an die Hand gäbe, der uns Wesen und Wesensmöglichkeit der Naturwissenschaften aufzuschließen vermöchte? Das ist eine der Thesen der Vorlesung, die es aufzuweisen und zu begründen gilt.

Was also ist Metaphysik? Und was ist insonderheit transzendentale Metaphysik? Es gilt, in der Einleitung einen Vorbegriff vom Wesen der Metaphysik überhaupt und von der transzendentalen Metaphysik im besonderen zu gewinnen.

Was die Metaphysik sei, auf diese Frage bekommen wir im Sinne einer bloßen Vororientierung eine Antwort, wenn wir uns an das halten, was sie über sich selber sagt. Seit die Metaphysik in der Philosophie des Aristoteles sich endgültig zu sich selbst entschieden hatte, hat sie ihr Wesen dahin bestimmt, daß sie Austrag einer Frage sei, die sich innerhalb der Menschheitsgeschichte bis dahin noch niemals dem Menschen gestellt hatte. Die Frage lautet: Was ist das Seiende, insofern es seiend ist?, oder kürzer: Was ist das Seiende als Seiendes?

Wir entnehmen dieser Selbstbestimmung der Metaphysik zunächst einmal, daß sie keine Lehre über Gott, Welt und Mensch ist, sondern Austrag einer einzigartigen Frage. Man kann sie freilich auch als eine Lehre von diesem oder jenem Philosophen vor- und darstellen (und es geschieht ja auch in den philosophiegeschichtlichen und begriffsgeschichtlichen Handbüchern), aber solche Darstellungen geschehen um den Preis, daß dem Denken das Motiv abhanden kommt, das es in Bewegung versetzte und in Bewegung hielt.

Die Metaphysik ist also nach ihrer eigenen Selbstaussage Austrag der Frage: Was ist das Seiende, insofern es seiend ist? - Verweilen wir einen Augenblick bei dieser seltsamen Frage. Unter dem Ausdruck "das Seiende" ist das Ganze dessen zu verstehen, was in irgend einer Weise ist. Dieses wird daraufhin befragt, was es denn sei, insofern es ist. Dieses "als" und "insofern" drückt die Herausstellung einer Sache in der ihr eigenen, sie umgrenzenden Bestimmtheit aus. Wenn wir z.B. sagen: der Mensch *als* Mensch, dann meinen wir die den Menschen von allen Wesen unterscheidende, ihn auf ihn selbst eingrenzende Bestimmtheit, wie diese auch immer ausfallen mag. Entsprechend fragt die Frage "Was ist das Seiende als Seiendes?" nach jener Bestimmtheit, die das Seiende in dem ihm Eigenen herausstellt, die es auf sich selbst hin umgrenzt, die es unterscheidet. Unterscheidet wogegen? Nicht gegen anderes Seiendes, da das Seiende als das Ganze dessen, was überhaupt ist, hier in den Blick gefaßt ist, sondern gegen das Nichtseiende, gegen das Nichts.

Diejenige Bestimmtheit, die dem Seienden eignet und es gegen das Nichts unterscheidet, nennen wir *das Sein.* Um hier sogleich die erforderliche terminologische Klarheit herzustellen: Das, was ist, heißt *das Seiende*; die ihm eigene Bestimmtheit heißt *das Sein*. Deshalb kann man auch sagen: Die Metaphysik ist Austrag der Frage nach dem Sein dessen, was ist, nach dem *Sein von Seiendem*.

Man kann den Austrag der Frage nach dem Sein dessen, was ist, mit einem dem Griechischen nachgebildeten, erst im 17. Jahrhundert aufkommenden Ausdruck "Ontologie" nennen. "Ontologie" besagt nämlich im Wortsinne: denkende Darlegung dessen, was das Seiende ist. Dann wäre also, wenn es sich so verhält, alle Metaphysik Ontologie. Und die Metaphysik wäre ontologische Metaphysik.

Aber damit ist die Frage noch nicht beantwortet, weshalb der Austrag der Frage "Was ist das Seiende, insofern es seiend ist?" Metaphysik heißt. Um das zu verstehen, müssen wir die genannte Frage noch einmal und noch schärfer ins Auge fassen. Sie fragt nach dem Sein dessen, was ist, nach derjenigen Bestimmtheit, die das Seiende auf sich selbst eingrenzt und es von dem, was nicht ist, vom Nichtsein, abgrenzt. Das Sein also ist jenes, worin das Seiende einbehalten bleibt, sofern und solange es ist. Es ist dasjenige, was das Seiende davor bewahrt, in die Absenz des Nichtseins abzusinken. Das heißt: Das Sein ist dasjenige, wodurch Seiendes das ist, was es ist, nämlich seiend und nicht vielmehr nichtseiend. Das Wodurch ist aber der *Grund* des Seienden. Sofern die Frage nach dem Sein dessen, was ist, den *Grund* des Seienden erfragt, heißt sie *Metaphysik*. Und so wird deutlich, daß Ontologie und Metaphysik in ihrem Wesen eines und dasselbe sind, daß die didaktische Schulsystematik, welche zwischen Ontologie und Metaphysik unterscheidet, die Sache verfehlt.

Im Erkennen von Gründen einer Sache hat das *Wissen* sein Wesen. Also ist die Metaphysik ein Wissen vom Seienden im ganzen, das dadurch zustandekommt, daß sie den Grund oder, wenn es deren mehrere geben sollte, die Gründe des Seienden überhaupt und im ganzen zu erkennen strebt. Man muß sagen: zu erkennen *strebt*, weil dieses Bemühen des Menschen ein Streben bleibt, das sich zufolge der Endlichkeit des Menschenwesens niemals in einer selbstgenügsamen Antwort erfüllen kann.

Mit dem Aufkommen der Metaphysik, also der Philosophie, ereignet sich etwas zuhöchst Wesentliches mit dem Menschen. Der Mensch gründet seinen Stand in der Welt auf das Wissen. Und damit hat die spezifisch abendländisch-europäische Geschichte begonnen. Sie ist eben dadurch geprägt, daß der Mensch seine Stellung inmitten der Welt im Wissen bezieht. Die Metaphysik ist daher zugleich der Ursprung der sogenannten Einzelwissenschaften, nicht der Zeit, aber der Sache nach. Und auch dort, wo mit dem Vordringen des Christentums der Mensch in bezug auf sein Seelenheil die Glaubensstellung bezieht, wird der Glaube doch immer in Abhebung und in bezug auf das Wissen bestimmt, so daß das Wissen immer in der Vorhand bleibt, was natürlich nicht heißt, daß der Glaube ins Wissen aufgelöst würde. Aber das Wissen ist der maßgebliche Hinblick für die Bestimmung dessen, was Glaube heißt, wenigstens in Europa. Das beweist die mittelalterliche Bestimmung des Glaubens ganz eindeutig.

Fragen, wenn sie nicht einem beliebigen So-dahin-Fragen entspringen, kommen überhaupt nicht aus uns, sondern sie kommen erst dann auf, wenn wir von Fraglichem angegangen werden. Die ontologische Metaphysik hat ihren Ursprung nicht darin, daß irgendwelche Leute, Philosophen genannt, auf den Einfall kamen, die Frage nach dem Sein von allem, was ist, zu stellen. Die ontologische Metaphysik hat ihren Ursprung vielmehr darin, daß sich das Seiende in seiner Ganzheit in Hinsicht auf seine Gründe enthüllt hat. Im mythischen und magischen Zeitalter blieb das verhüllt. Dieses von uns bei weitem noch nicht bedachte Ereignis versetzte den Menschen in die Notwendigkeit des Fragens nach dem Sein dessen, was ist; eine Notwendigkeit freilich von der Art, daß ihr eine freie Übernahme von seiten des Menschen entspricht; denn selbstverständlich kann zu dieser Frage, vor der man ausharren muß, niemand genötigt werden. Aber es hat sich gezeigt, daß sich, seitdem die Metaphysik begonnen hat, immer wieder einige bereit gefunden haben, diese Frage zu übernehmen und zu vollziehen. Sie heißen bei Plato die Philosophen.

Das Bedenken dieses Ereignisses, daß sich das Seiende im ganzen in Hinsicht auf sein Was und Wodurch als Fragliches enthüllt, wird vor allem dadurch hintangehalten, daß die Metaphysik als ein Bestand mannigfacher Lehren einzelner Philosophen vorgestellt wird, so daß das Ereignis, in welchem die Philosophie beruht, verstellt wird, das also, woraus sie ihr Leben bezog. So kommt der Metaphysik die Quelle ihrer

Lebendigkeit abhanden, und zwar gerade auch durch die philosophiegeschichtlichen Lehrbücher, in welchen immer nur Lehrmeinungsbestände referiert werden, so daß wir uns mit Recht fragen, was sie uns eigentlich angehen.

Verstehen wir nun unter dem Seienden das Ganze dessen, was ist, und verstehen wir jetzt unter "Grund" den Grund des Ganzen dessen, was ist, dann muß dieser Grund auch das Sein von allem, was ist, vorgängig schon in sich bergen, d.h., er muß das Sein nach jeder Hinsicht präsentieren, ohne von irgendeinem Nichtsein angegangen zu sein. Es leuchtet ein, daß dieser eminente Grund seit Plato und Aristoteles das "Göttliche" genannt wird.

Da aber die Metaphysik Austrag einer *Frage* ist, läuft sie auf die Frage hinaus, ob ein Gott sei. Es ist klar, daß diese Frage mit dem religiösen Gottesbegriff nichts zu tun hat; denn für den Gläubigen ist es zwar eine Frage, ob er glaubt oder nicht, aber es ist für ihn keine Frage, ob ein Gott sei, denn entweder glaubt er an die Offenbarung oder er glaubt nicht. Der Frage nachzugehen, ob ein Gott sei, ist keine Möglichkeit der Religion.

Da jede Frage die Möglichkeit ihrer Verneinung in sich trägt, so wird die Metaphysik von Anfang an von einer atheistischen Möglichkeit ihrer selbst als Schatten begleitet, einer Möglichkeit, die in Marx' Gedanken vom nichtseienden Gott und in Nietzsches Botschaft vom Tode Gottes, nämlich des metaphysisch-theologischen Gottes, Wirklichkeit geworden ist.

Nun ist in die Frage, was das Seiende sei, auch der Mensch immer schon einbezogen. Auch an ihn geht die Frage, was er denn als der Seiende sei, worin denn sein Menschsein besteht. Die Antwort ergibt sich eigentlich von selbst. Er ist ja inmitten alles Seienden dasjenige Wesen, welches ein jegliches auf sein Was und Wodurch hin vornimmt und vorstellt. Das Darlegen von etwas in Hinsicht auf sein Sein nannten die Griechen aber *λόγος*. Der Mensch erweist sich als dasjenige Wesen, das den Logos hat, dergestalt, daß die Logos-Habe sein spezifisches Sein ausmacht. Logos wurde dann später mit *ratio* ins Lateinische und im 17. und 18. Jahrhundert mit "Vernunft" ins Deutsche übersetzt. Und so tritt innerhalb des ontologisch-metaphysischen Denkbereichs der Mensch als das durch Vernunft bestimmte Lebewesen ans Licht; eine Bestimmung, die bis heute ganz selbstverständlich in Geltung geblieben ist und die sich überhaupt nicht von selbst versteht, die vielmehr ihre Herkunft der metaphysisch-ontologischen Frage verdankt.

Da der Mensch als Vernunftwesen sich zum Sein eines jeglichen verhält und da der Grund alles Seienden in dem Grunde alles Seins, dem Ewigen, präsent ist, entsteht die Frage, ob und inwieweit der Mensch aufgrund seines Bezugs zum Sein am Ewigen beteiligt sei, inwieweit und ob er nach jeder Hinsicht dem Tod verfallen sei, den er wie alle anderen Lebewesen stirbt. Das ist die Frage nach der Unsterblichkeit der menschlichen Seele. Und so bildet die Metaphysik drei Hauptthemen aus: Welt, Gott und die durch Vernunft bestimmte Seele des Menschen. Kant zählt sie auf in einem Abschnitt der "Kritik der reinen Vernunft" mit der Überschrift "System der transzendentalen Ideen" in der Reihenfolge: Seelenlehre, Weltlehre, Gotteserkenntnis.[1] Bekannter geworden ist allerdings die andere Formulierung Kants, wonach Gott, Freiheit und Unsterblichkeit der Seele die Aufgaben der Metaphysik seien.[2] Hier ist der Titel "Welt" gegen den Titel "Freiheit" eingetauscht! Das hängt mit der transzendentalen Umbildung der Metaphysik durch Kant zusammen, wie wir noch sehen werden.

In dieser geschichtlichen Phase, welche zugleich die Vollendung und das Ende der Metaphysik vorbereitet, nimmt diese die Gestalt einer *transzendentalen* Metaphysik an. Was transzendentale Metaphysik ist, ist der Inhalt dieser Vorlesung selbst. In der einleitenden Betrachtung kann nur ein Vorbegriff der transzendentalen Metaphysik gegeben werden, der eine vorläufige Orientierung bietet.

Die Metaphysik erstrebt eine Erkenntnis der Gründe des Seienden. Erkennen einer Sache in ihren Gründen ist das Wissen. Eine solche Erkenntnis macht uns die Sache, um die es geht, allererst offenbar. Zum Beispiel: Was eine Mondfinsternis ist, das wissen wir erst dann, wenn wir ihren Grund entdeckt haben, durch den sie ist, in diesem Fall

---

[1] Die "Kritik der reinen Vernunft" (abgek. K.d.r.V.) wird im folgenden nach der von Raymund Schmidt besorgten Ausgabe des Verlags Felix Meiner (Würzburg 1967) unter Angabe der Seitenzahlen der ersten Auflage der K.d.r.V. von 1781 (= A) oder der zweiten Auflage von 1787 (= B) zitiert; die hier zitierte Stelle findet sich B 395. - Die "Kritik der praktischen Vernunft" (abgek. K.d.p.V.) und die "Kritik der Urteilskraft" (abgek. K.d.U.) werden nach Band V der von der Königlich Preußischen Akademie der Wissenschaften herausgegebenen Werke Kants (abgek. AA) unter Angabe der Seitenzahlen dieses Bandes zitiert; die Orthographie wurde teilweise modernisiert.

[2] K.d.r.V., a.a.O.; vgl. B XXX, B7; K.d.U., § 91, AA V, S. 473.

die Zwischenstellung der Erde. Indem die Metaphysik eine Erkenntnis des Seins aus seinen Gründen erstrebt, erbringt sie eine Offenbarkeit bezüglich des Seienden im ganzen für den Menschen. Wir können diese Offenbarkeit des Seienden im ganzen auch "Wahrheit" nennen. Die Metaphysik vollbringt in ihrer geschichtlichen Entwicklung je und je die Wahrheit bezüglich des Seienden überhaupt und im ganzen. Die transzendentale Wendung, welche die Metaphysik im Denken Kants nimmt, besteht darin, daß diese Offenbarkeit des Seienden gebildet und umgrenzt wird durch die in sich reflektierte Subjekt-Objekt-Beziehung, dergestalt, daß das Subjekt als Träger dieser Beziehung die menschlich-endliche Vernunft ist. Das heißt zugleich: Der in sich reflektierte Subjekt-Objekt-Bezug macht das Wesen des Subjekts selbst aus, also das Wesen des Menschen. Hier haben wir nun eine ganz neue Wesensbestimmung des Menschen, die es zu entfalten und einsichtig zu machen gilt. Der Name für das Seiende, das im Umkreis dieser in sich reflektierten Subjekt-Objekt-Beziehung offenbar ist, lautet seit Kant *Gegenstand* oder *Objekt*. *Objekt* ist für Kant der Name für das *Seiende*. Dessen *Sein* ist daher die *Gegenständlichkeit*.

Diese Gegenständlichkeit, also das Ganze dessen, was einen Gegenstand als einen solchen ausmacht, wird gefunden in einem die einzelnen Gegenstände übersteigenden Rückstieg in das Subjekt als den Träger der in sich reflektierten Subjekt-Objekt-Beziehung. "Übersteigen" heißt lateinisch *transcendere*. Eine Philosophie, welche die Gegenständlichkeit der Gegenstände oder die Bedingungen der Möglichkeit von Gegenständen in dem alle einzelnen Gegenstände übersteigenden Rückstieg in das Subjekt findet, heißt *Transzendentalphilosophie*. Subjekt ist die endlich-menschliche Vernunft. *Endlich* ist die menschliche Vernunft, weil ihr nicht durch sie selbst schon die Gegenstände präsent sind, sondern weil sie sich die Gegenstände, um sie durch das Denken zu bestimmen und zu erkennen, *geben* lassen muß. Diese Angewiesenheit der Vernunft auf das Gegebensein von Gegenständen für eine mögliche Erkenntnis macht ihre Endlichkeit aus. *Menschlich* ist diese Endlichkeit der Vernunft, sofern uns Menschen die Gegenstände der Erkenntnis in der Sinnesanschauung gegeben werden müssen. Deshalb hat der Ausdruck "transzendental" bei Kant zugleich immer auch *restriktive* Bedeutung: Das, was den Gegenstand als einen solchen ausmacht, ist seine Gegenständlichkeit in der denkenden Vernunft (es sind die sog. Kategorien). Aber die Gegenstände müssen uns in der Sinnesanschauung gegeben werden, wenn Erkenntnis von Seiendem in seinem Was- und Wie- und Wodurchsein möglich sein soll.

Es sind demnach bei Kant immer zwei Bedingungen, an welche transzendentalphilosophisch die Offenbarkeit von Seiendem gebunden ist: Einmal sind es die alle einzelnen Gegenstände übersteigenden Bestimmungen der Gegenständlichkeit selbst, die Kategorien, sodann in unlösbarer Einheit damit das Gegebensein von Gegenständen in der Sinnesanschauung.

Die so (immer auch restriktiv) bestimmte transzendentale Subjekt-Objekt-Relation ist nun die Basis, auf welcher die ganze Metaphysik neu errichtet wird. Sie ist in diesem Sinne eine *transzendentale Metaphysik*. Und dieses restriktive Moment der Rückbindung des metaphysischen Entwurfs des Seienden auf sein Sein an die spezifisch menschlich-endliche Subjektivität führt Kant in der unablässigen Wiederkehr des Wortes "Kritik" aus: "Kritik der reinen Vernunft", "Kritik der praktischen Vernunft", "Kritik der Urteilskraft". Das transzendental-restriktiv angesetzte Subjekt, welches der Mensch ist, bildet den maßgeblichen Bezugsbereich für die Auslegung des Seienden in seinem Sein.

Es ist klar, daß dadurch der Mensch auf eine Weise ins Zentrum der Betrachtung rückt wie nie zuvor. Aber es leuchtet auch ein, daß diese Begrenzung der Zugänglichkeit von Seiendem auf die transzendental-restriktive Subjekt-Objekt-Relation die überkommene Gestalt der Metaphysik in eine *Krise* bringt. Es ist von sich her einleuchtend, daß der höchste und das metaphysische Denken abschließend vollendende Gedanke, der Gottesgedanke, vor allem fragwürdig wird. Denn wie soll eine Erkenntnis vom Göttlichen und Ewigen möglich sein, wenn die in der Vernunft gedachte Gegenständlichkeit sich immer nur auf Gegenstände bezieht, die uns in der Sinnesanschauung gegeben werden? Aber auch die Welterkenntnis und das Selbstverhältnis des Menschen zu sich selbst werden von Grund auf fragwürdig. Und so lautet die Kant leitende Grundfrage: Wie ist Metaphysik möglich?

Kants Umgestaltung der Metaphysik erfolgt von Grund auf, nämlich in der Weise, daß die Idee der menschlichen Freiheit es ist, die eine Gründung der Metaphysik in gewandelter Gestalt ermöglicht, dergestalt, daß auch der Wissenscharakter des metaphysischen Wissens einen Wesenswandel erfährt.

Auch eröffnet diese transzendentale Metaphysik einen Einblick in die Wesensart des Wissens von der Natur, insbesondere der organisch-lebendigen Natur.

Gemäß ihrem Titel gliedert sich die Vorlesung in zwei Hauptteile, die in einer zum Titel umgekehrten Folge auftreten aus Gründen, die sich in der Vorlesung von selbst ergeben:

I. Teil: Wesensart und Wesensmöglichkeit einer Wissenschaft von der Natur, insbesondere von der organisch-lebendigen Natur
II. Teil: Die Entfaltung der transzendentalen Metaphysik.

Die Art, dergemäß diese beiden Teile zusammenhängen und eine Einheit bilden, wird sich ebenfalls erst aus den Darlegungen selbst ergeben. Wir legen der Vorlesung den zweiten Teil der "Kritik der Urteilskraft", die "Kritik der teleologischen Urteilskraft" zugrunde.
Es ist die *These* der Vorlesung, daß die von Kant auf der Basis der menschlichen Freiheit im Verein mit der Begründung einer Wissenschaft von der Natur begründete Metaphysik mehr oder weniger explizit im zweiten Teil der "Kritik der Urteilskraft" enthalten ist, entgegengesetzt der üblichen Meinung, daß Kant immer nur kritische Vorarbeiten geleistet habe. Darum liegt vor allem dieser zweite Teil der "Kritik der Urteilskraft" der folgenden Darstellung zugrunde. Seltsamerweise ist die "Kritik der teleologischen Urteilskraft" nur wenig berücksichtigt worden. Es fehlt überhaupt eine durchgängige Interpretation. Wir sind daher weitgehend auf uns selbst angewiesen. Das ist ein Nachteil, der aber eine positive Seite hat. Wir geraten nicht in Gefahr, statt in einem Gegenüber zu Kants Werk zu stehen, aus dem Umkreis seines Werkes hinauszugehen. Außerdem bildet den Gegenstand unserer Betrachtung nicht die Lehrmeinung Kants, sondern wir handeln von der Sache selbst, die vor Kants Blick steht. Das verlangt von uns eine Strenge, die sich nicht durch das Berufen auf Sekundärliteratur absichern kann, ein freies und selbständiges Mitdenken, das immer ein Wagnis bleibt und im Unzulänglichen steckenbleiben kann.

Kants transzendentale Metaphysik gehört der Geschichte an. Aber die Wirklichkeit der Geschichte besteht nicht in feststehenden Lehrresultaten. Kants Philosophie ist dann wirklich, wenn wir uns in die Fragen stellen, die sein Denken auf den Weg brachten und unterwegs hielten. Denn dadurch, daß wir uns in diese Fragen stellen, werden sie *gegenwärtige* oder lebendige Fragen, d.h. ein freies Ergreifen der Aufgaben, die Kants Philosophie in sich birgt. Wenn wir dann erfahren sollten, daß Kants Fragen unser Wissen, in dem wir uns gesichert glauben, überfragt, dann könnten wir frei werden für die einfachen elementaren Fragen unseres Daseins heute und in Zukunft in der modernen wissenschaftlichen Welt.

I. TEIL
WESENSART UND WESENSMÖGLICHKEIT EINER WISSENSCHAFT VON DER NATUR, INSBESONDERE VON DER ORGANISCH-LEBENDIGEN NATUR

1. Vorläufige Erläuterung des Begriffs eines Naturzwecks (zu K.d.U., § 65)

Was das Denken Kants veranlaßt, das Ganze einer transzendentalen Metaphysik zu entwerfen, ist *der* Bereich der Natur, der immer schon innerhalb des Naturganzen ausgezeichnet wurde: der Bereich der organisch-lebendigen Natur. Die Wesensart der in ihm enthaltenen Gegenstände und Vorgänge sowie die ihnen zugehörige Wissensart sind es, deren philosophisches Durchdenken weite und tiefe Ausblicke eröffnet. Wir stellen die organischen Naturprodukte notwendig als Naturzwecke vor. Und *Naturzweck* ist der Fundamentalbegriff, der den Leitfaden für die Erforschung der organischen Naturprodukte bis heute abgibt, auch dann, wenn dieser Begriff seinem Namen nach nicht mehr genannt wird, sondern unter anderen Nomenklaturen auftritt, z.B. als Bauplan, nach welchem die Natur angeblich verfährt. Es ist aber gerade dieser fundamentale Begriff des Naturzwecks, dessen nähere Bestimmung sowie dessen Rechtfertigung hinsichtlich seines Gebrauchs in den Wissenschaften einen Rückgang in die transzendentale Metaphysik veranlaßt, der dann ihre Entfaltung ins Ganze notwendig macht. Daher sei eine vorläufige Erläuterung des Begriffs eines Naturzwecks vorausgeschickt.

Zweck ist der Gegenstand eines Begriffs, sofern der Begriff der reale Grund der Möglichkeit des Gegenstandes ist.[1] Nicht alle Begriffe sind

---

[1] Vgl. K.d.U., § 10; AA V, S. 220.

von dieser Art, z.B. nicht die Begriffe einer bestimmten Baumart oder Tierart. Solche Begriffe sind nicht Gründe der Möglichkeit der Gegenstände, auf die sie sich beziehen, denn Bäume und Tiere verdanken ihre Möglichkeit zu sein nicht den Begriffen, die wir uns von ihnen bilden, sondern sie kommen von Natur oder von sich her vor. Solche Begriffe sind vielmehr Gründe der Möglichkeit der *Erkenntnis* dieser Gegenstände, aber nicht ihres Seins. Sie sind erkenntnis-, aber nicht seinsgründend, denn die Erkenntnis in ihrem elementaren Grundakt besteht eben darin, in der Wahrnehmung gegebene Gegenstände durch einen Begriff zu bestimmen. Die Wahrnehmung stellt eine Sache im einzelnen vor: diese Rose hier an dieser Stelle in diesem Garten. Der Begriff stellt eine Sache überhaupt und im allgemeinen vor: nicht diese einzelne Rose hier, sondern Rose überhaupt. Im Begriff wird eine Mannigfaltigkeit von einzelnen Gegenständen daraufhin angesehen, was an ihnen das sie gemeinsam bestimmende Identische, also das Allgemeine ist. Indem wir das einzelne durch den Begriff bestimmen, fassen wir es als Fall eines Allgemeinen, z.B. einer bestimmten Pflanzenart auf.

Anders steht es bei Begriffen, deren Gegenstand ein Zweck ist, z.B. beim Begriff eines Hauses. Im Begriff eines Hauses stellen wir das Ganze des zu Erbauenden vor seiner Erbauung und für sie vor, dergestalt, daß diese vorwegnehmende Vorstellung sowohl die es bewirkenden Ursachen leitet und bestimmt, also die Tätigkeiten der Erbauer, als auch die einzelnen Teile des zu Erbauenden in ihrer Art und in ihrem Verhältnis zueinander vorweg festlegt. Einen solchen Begriff, in dem ein Ganzes vorweg vorgestellt wird, das die Stellung der Teile zueinander im vorhinein regelt, nennt Kant auch *Idee*, und das Vermögen, Ideen bilden zu können, heißt *Vernunft*. So kann man mit Recht von der Idee eines Hauses sprechen, aber nicht von der Idee des Ginsters oder der Eiche. Denn der Begriff der Eiche stellt nicht vorweg die Teile der einzelnen Eiche in ihrer Art und in ihrem Verhältnis zueinander vor, also nicht ein Ganzes, welches die Teile sowohl hinsichtlich ihrer Art als auch in ihrem Verhältnis zueinander bestimmt, sondern nur das den vielerlei Einzelnen gemeinsame Identische, das Allgemeine. Derjenige Begriff, der den Charakter einer Idee hat, ist daher eine *kollektive Einheit*.

Ein Ende, in dem sich die etwas hervorbringende Tätigkeit beschließt, welches also das Verfertigte in seinem Fertigsein vorweg bestimmt, heißt griechisch: τέλος (Telos). Und die Lehre vom Telos heißt entsprechend *Teleologie*.

Nun stoßen wir innerhalb der Natur auf Gegenstände, die wir zwar als Naturprodukte, aber gleichwohl als Zwecke beurteilen müssen. Wir stoßen also auf Naturzwecke, auf Phänomene, deren Explikation das Denken nötigt, sich in die letzten Gründe einer transzendentalen Metaphysik hineinzubegeben.

Kant umgrenzt in § 65 den Begriff des Naturzwecks auf eine erste Weise so: Ein Ding existiert als Naturzweck, wenn es von sich selbst, obgleich in zweifachem Sinne, Ursache und Wirkung ist. In Erwartung, daß diese Bestimmung unverstanden bleibt, gibt Kant eine Erläuterung an einem einfachen Beispiel:

1. Ein Baum bringt einen anderen Baum naturgesetzmäßig hervor. Der hervorgebrachte Baum ist von derselben Art. Also bringt der Baum der Art nach sich selbst hervor. In Hinsicht auf die Art (nicht aber in Hinsicht auf den Baum als einzelnen) ist er daher von sich selbst Ursache und Wirkung.

2. In einer bestimmten Hinsicht (also nicht schlechthin) bringt auch der einzelne Baum sich selbst naturgesetzlich hervor. Wir sprechen dabei zwar gemeinhin von Wachstum. Gewiß ist der einzelne Baum auf vorliegende Stoffe angewiesen, aus denen er seine spezifische Gestalt aufbaut. Aber dieses Wachstum ist doch nicht bloß eine mengenmäßige Zunahme nach mechanischen Gesetzen, sondern der Baum verarbeitet die von der Natur gelieferten Materien durch Scheidung und neue Zusammensetzung zu einer spezifischen Qualität, die sein eigenes Produkt ist. Insofern ist der Baum als einzelner von sich selbst Ursache und Wirkung.

3. In gewisser Weise erzeugen sogar die Teile eines Naturproduktes sich selbst. So sind die Blätter Produkte des Stammes, aber sie erhalten und erneuern auch den Stamm, da er ja bei endgültiger Entblätterung verdorrt. Also über ihre Wirkung auf den Stamm, der sie erzeugt, erzeugen sie in gewisser Weise sich selbst. Sie sind in dieser Hinsicht Ursache und Wirkung von sich selbst. Damit hängt auch das bekannte Phänomen zusammen, daß oftmals der Mangel oder die Beschädigung von Teilen durch benachbarte Teile ergänzt oder sogar ausgeglichen werden kann.

Es handelt sich hier zunächst um eine einfache Phänomenbeschreibung, die zusammengefaßt ist in der Bestimmung: Ein Naturprodukt, das als Naturzweck möglich ist, verhält sich zu sich selbst wechselweise als Ursache und Wirkung. Es ist dies aber nur eine vorläufige Charakterisierung. Sich wechselseitig als Ursache und Wirkung zu verhalten, ist eine Weise von Kausalität, sie muß aus der Kategorie der Kausalität abgeleitet und durch sie bestimmt werden (§ 65).

Die Kausalität ist ein Relationsbegriff und führt immer den Begriff von Gesetzen bei sich, dem gemäß durch etwas (Ursache genannt) etwas anderes, die Folge, mit Notwendigkeit gesetzt ist. Das ist die Kausalrelation ihrer formalen Struktur nach.

Die Kausalverbindung kann durch zwei verschiedene Begriffe bestimmt sein, so daß sich zwei inhaltlich verschiedene Grundarten von Kausalität ergeben. Sie kann durch einen Verstandesbegriff oder durch einen Vernunftbegriff bestimmt werden (Vernunft ist das Vermögen der Zwecke oder der Ideen).

Die durch den Verstand bestimmte Kausalverbindung macht eine Reihe von Ursachen und Wirkungen aus, die immer nur abwärts geht, so daß das Bewirkte, dem etwas als Ursache vorausgeht, niemals von diesem wiederum Ursache sein kann. Die Folge von Ursache und Wirkung ist hier irreversibel. Eine solche Kausalverbindung heißt *nexus effectivus*, Kausalverbindung der wirkenden Ursachen oder, kürzer gesagt, effiziente Kausalität.

Ganz anders verhält es sich bei einer durch den Vernunftbegriff, d.h. durch den Zweckbegriff bestimmten Kausalverbindung. Hier ist eine Sache, Wirkung genannt, zugleich Ursache dessen, wovon sie Wirkung ist. Dergleichen ist uns aus der Lebenspraxis überall bekannt. Das erbaute Haus ist zweifellos die Ursache für das Wohnen von Menschen, aber auch umgekehrt ist das in der Vorstellung vorausgenommene Wohnen von Menschen die Ursache für die Entstehung von Häusern. Und diese Vorstellung der Wirkung ist die primäre Ursache für das Entstehen und die Existenz von Häusern; denn diese in der Vorstellung vorweggenommene Wirkung bestimmt ja allererst die Wirkursachen zu ihrem Wirken. Das, worin das Wirken sich beschließt und beendet, das Ende also, setzt hier die Wirkursachen erst in Tätigkeit und regelt sogar die Art ihres Wirkens. Dies ist eine Kausalverbindung nach Endursachen, ein *nexus finalis*, eine finale Kausalität.

Eine andere Fassung der beiden Arten von Kausalverbindung lautet so: Die erste stellt eine Verknüpfung von *realen*, die zweite eine Verknüpfung von *idealen* Ursachen dar. Im ersten Falle ist die Ursache etwas Reales, sie ist eine *res*, ein existierendes Ding. Im zweiten Falle ist die eigentliche Ursache, die den ganzen Vorgang in Bewegung setzt, ein Begriff, welcher das Ganze des zu Erwirkenden vor seiner Erwirkung vorstellt, also eine Idee, ein Vernunftbegriff: etwas Ideales. Es läßt sich erkennen, daß es nur diese zwei Arten von Kausalität geben kann; denn es gibt nur Dinge oder dingliche Verhältnisse und Vorstellungen von Dingen. Innerhalb dieses Gesichtsfelds muß es gelingen, die Wesenserfordernisse auszumachen, die einen Gegenstand konstituieren, der als Naturzweck existent ist.

1. Seine Teile dürfen ihrem Dasein und ihrer Form nach, d.h. hinsichtlich der Art ihres Verbundenseins zu einem Ganzen, nur durch die Beziehung auf das Ganze möglich sein; denn ein Gegenstand ist dann ein Zweck, wenn alles, was in ihm enthalten ist, im vorhinein in einer Idee von ihm befaßt ist, welche die Teile hinsichtlich ihrer Beschaffenheit und hinsichtlich ihres Verhältnisses zueinander und zum Ganzen vorweg schon bestimmt.

2. Aber diese Bestimmung reicht für den Begriff eines Naturzwecks nicht hin; denn ein solcher durch eine Idee als Möglichkeitsgrund bestimmter Gegenstand ist kein Naturprodukt, sondern ein Kunstprodukt, wobei unter *Kunst* jede Art von Hervorbringung verstanden ist, die vom Denken geleitet ist. Was Kant hier Kunstprodukt nennt, ist dasselbe, was griechisch *τέχνῃ ὄν* (Techne On) heißt, ein durch *τέχνῃ* hervorgebrachtes Ding. Solche Kunstprodukte verdanken sich einer von ihnen selbst verschiedenen Ursache, nämlich einem Vernunftwesen, das gemäß der Idee von einem möglichen Ganzen die stofflichen Teile herbeischafft und zusammensetzt. - Es handelt sich aber bei einem Naturzweck um ein Naturprodukt, d.h. um ein Ding, das zwar seiner Möglichkeit nach eine Beziehung auf einen Zweck enthält, aber so, daß die Ursache seiner Produktion nicht in einem vernünftigen Wesen außer ihm liegt, also ohne daß eine Kausalität nach Begriffen im Spiel ist, denn dann hätten wir es mit einem Kunstprodukt zu tun. Soll ein Naturprodukt seiner Möglichkeit nach ein Naturzweck sein, dann ist es ein Wesenserfordernis, daß die Teile sich dadurch zur Einheit eines Ganzen verbinden, daß sie hinsichtlich der Art ihrer Vereinigung zu einem Ganzen voneinander wechselseitig Ursachen und Wirkungen sind; denn dann ist es möglich, daß die Idee des Ganzen die Art und die Verbindung der Teile untereinander bestimmt, so daß eine Zweckbeziehung vorliegt, aber mit der entscheidenden Einschränkung, daß die

Idee des Ganzen nicht die Ursache, nicht der *Seinsgrund* der Art und der Verbindung der Teile ist, denn sonst hätten wir es doch wieder mit einem Kunstprodukt zu tun. Wohl aber ist diese Idee des Ganzen der *Erkenntnisgrund* solcher Gebilde für uns.

Hier tritt nun die Spannung, die im Begriff eines Naturzwecks liegt, offen zutage. Bei einem Naturprodukt, bei dem die Teile einander wechselseitig Ursache und Wirkung ihrer Form sind, bestimmt die Idee des Ganzen die Teile hinsichtlich dessen, was sie sind und wie sie miteinander verbunden sind, aber nicht als Seinsgrund, sondern nur als Erkenntnisgrund für uns. So zeigt sich die gewaltige Schwierigkeit, vor die uns die lebendige Natur als Gegenstand des Wissens stellt: Seinsgrund und Erkenntnisgrund klaffen auseinander. Die Frage erhebt sich daher: Was ist das für ein Erkenntnisgrund, in dessen Erfassung nicht zugleich auch der Seinsgrund der erkannten Sache erfaßt ist? Denn Erkenntnis besteht doch in nichts anderem als im Erfassen der Ursachen und der Gründe, durch die eine Sache ist, was und wie sie ist. Ist denn ein Erkenntnisgrund, in welchem nicht zugleich auch die Ursache des Seins der Sache erfaßt ist, überhaupt noch ein Erkenntnisgrund? Und so nimmt die Frage die Gestalt an: Von welcher Wesensart ist die Erkenntnis und das Wissen von der lebendig-organischen Natur? Kant gibt auf Grund eines freilich überaus schwierigen Gedankengangs eine bis heute nicht überholte Antwort auf diese fundamentale Frage nach der Wissens- und Erkenntnisart einer Naturwissenschaft von der lebendig-organischen Natur, indem er zuerst den Problemgehalt des Begriffs eines Naturzwecks vollständig entfaltet.

2. Der Problemgehalt des Begriffs eines Naturzwecks (zu K.d.U., §§ 65, 72 u. 73)

Kant faßt die Wesenserfordernisse für Naturprodukte, die nur als Naturzwecke existieren können, so zusammen, daß er zugleich die Problematik ans Licht hebt, die mit einem solchen fundamentalen Begriff verbunden ist. Bei einem Naturzweck bringen die Teile sowohl hinsichtlich dessen, was sie sind, als auch bezüglich der Art ihrer Verbindung einander wechselseitig hervor. Sie bringen also ein einiges Ganzes aus eigener Kausalität hervor, so daß nun freilich auch umgekehrt der Begriff des Ganzen als Ursache für die Verknüpfung der Teile zu einem Ganzen angesehen werden und also finale Kausalität ins Spiel gebracht werden kann. Aber bei naturhaften Produkten sind keine Begriffe im Spiel; denn das würde ja bedeuten, daß die Tiere sich nur dann fortpflanzen könnten, wenn sie Biologie studiert hätten. Das gilt ja nicht einmal für den Menschen, der ein Vernunftwesen ist. Daraus ergibt sich: Wir verfügen nicht über einen zureichenden Begriff einer solchen Kausalität, wie sie bei Produkten am Werke ist, die nur als Naturzwecke möglich sind.

Kant fährt in der Analyse des Begriffs des Naturzwecks fort: In einem solchen Produkt ist jeder Teil nicht nur *durch* alle anderen da, sondern jeder Teil existiert auch *um willen* der anderen und *um willen* des Ganzen und hat insofern den Charakter eines *Werkzeugs*. Doch reicht diese Bestimmung nicht hin: Die Teile sind jeder den anderen wechselseitig hervorbringende Teile, deshalb nicht bloße Werkzeuge, sondern *Organe*. Daher ist ein als Naturzweck existierendes Seiendes ein *organisiertes* und *sich selbst organisierendes Wesen*.

Dessen rätselhafte Wesensart verdeutlicht Kant durch Abhebung gegen das Kunstprodukt im weitesten Sinne. So ist in einer Uhr ein Teil Ursache der Bewegung der anderen Teile, aber nicht Ursache der Hervorbringung der anderen. Er ist *um willen* der anderen, aber nicht *durch* diese anderen da, also bloßes Werkzeug, aber nicht Organ. Deshalb liegt auch die hervorbringende Ursache der Teile und ihrer Verbindung nicht in der Materie selbst, sondern in einem Vernunftwesen, welches nach der Idee eines möglichen Ganzen dieses Ganze herstellt. Deshalb bringt auch ein Rad nicht ein anderes hervor und eine Uhr nicht eine Uhr. Daher gibt es hier auch keine Ersetzung eines Teiles durch einen anderen oder Mängelausgleich bei Beschädigung eines Teils durch einen anderen Teil. Grundsätzlich heißt das: Ein organisches Produkt ist niemals ein bloßer Mechanismus. Dieser hat immer eine *bewegende* Kraft; ein Organismus hat jedoch eine *bildende* Kraft in sich. Hegel gebraucht dafür den Ausdruck "immanent plastisch", d.h. sich aus sich und von sich selbst her zu einem einheitlichen Ganzen bildend.[2] Ein solches Produkt kann daher durch bloße Bewegungskraft und bloße

---

2 Vorrede zur zweiten Ausgabe der Logik. Jubiläumsausgabe der Sämtlichen Werke, hrsg. von Hermann Glockner; Bd. 4, Stuttgart 1958, S. 31/32 (der Ausdruck wird an dieser Stelle auf die Entwicklung des Denkens angewandt).

Bewegungsgesetze niemals zureichend erklärt werden. Einen nur nach Bewegungsgesetzen verlaufenden Vorgang nennt Kant *Mechanismus*. Die zugehörige Erkenntnisart ist die *kausal-mechanische* Erklärungsweise.

Verfehlt wäre es, dieses organisierende Vermögen der Natur ein *Analogon der Kunst* im weitesten Sinne zu nennen. Eine Analogie besteht immer aus je zwei Gliedern, deren Verhältnisse identisch sind: a:b = c:d. Betrachtet man die bildende Kraft der Natur als ein Analogon zur Kunst, so würde die Analogie so lauten: Wie sich das Kunstprodukt zum Künstler verhält, so das Naturprodukt zu seinem Hervorbringer. Aber die Naturprodukte organisieren sich selbst (und verdanken sich weder einer außer der Natur noch einer in ihr befindlichen Intelligenz) und das gemäß ihrer jeweiligen Spezies, aber doch auch mit individuellen Abweichungen gemäß den Umständen und auch um der Selbsterhaltung willen. Kant nennt daher dieses Vermögen der Selbstorganisation eine "unerforschliche Eigenschaft". Es ist klar, weshalb. Wir verfügen einerseits nur über den Begriff der effizienten Kausalität, die nach Bewegungsgesetzen erfolgt, und andererseits über einen Begriff der finalen Kausalität, durch welche Kunstprodukte zustandekommen. Die Frage kehrt also in verschärfter Weise wieder: Wie können überhaupt organische Produkte Gegenstand der Erkenntnis sein? Wie kann es eine Wissenschaft von solchen Produkten geben, wenn deren Grundcharakter, das Sich-Organisieren, eine uns unerforschliche Eigenschaft ist?

In dieser Lage legt sich nun eine andere analogisierende Erklärungsweise nahe. Man könnte diese organisierende Kraft der Natur ein *Analogon* nicht der Kunst, sondern des *Lebens* nennen, so daß wir uns nicht aus der Natur hinaus begeben würden in den Bereich der Kunstprodukte. Leben wird hier in dem enger umgrenzten Sinne genommen, daß das Leben das Wesen der Lebewesen bestimmt, der Tiere und auch des Menschen, also nicht der Pflanzen, nicht der bloßen Organismen. Demnach ist dem Lebendigen ein von Wahrnehmung geleitetes Streben und Widerstreben sowie eine Selbstempfindung eigen. Man würde also, wenn man die Analogie durchführt, der Natur Eigenschaften zuschreiben, die dem Begriff der bloßen Materie geradezu widerstreiten. Denn deren Bestimmungen sind die Ausdehnung, die Undurchdringlichkeit und die Beharrlichkeit in der Bewegung oder Ruhe, solange keine andere Kraft auf sie einwirkt. Die Annahme einer von sich her mit Leben begabten Materie wird *Hylozoismus* genannt und dürfte nicht mehr ernsthaft in Betracht kommen.

Oder aber man müßte der Materie ein fremdartiges, mit ihr in Gemeinschaft stehendes Prinzip zugesellen, eine Seele, also eine Art *Weltseele*, der es zu verdanken ist, daß es organische Formen der Natur gibt. Aber diese Weltseele würde doch entweder organisierte Materie für den Aufbau von Lebensgestalten bereits schon voraussetzen, so daß sich das Problem nur verlagert, oder sie müßte in der Weise der künstlerischen Produktion tätig sein, wodurch die Produkte ihren Charakter als Naturprodukte abermals verlieren würden. Das organisierende Vermögen der Natur hat also nichts Analogisches mit irgendeiner uns bekannten Kausalität. Es ist und bleibt eine unerforschliche Eigenschaft.

Indessen gibt es eine Produktionsweise der Natur, die wir mit Recht in Analogie zur Kunst stellen: die *Naturschönheit*. Aber worin besteht diese Naturschönheit? Und was ist überhaupt das Wesen der Schönheit, so daß wir von Naturschönheit sprechen können, die ja nicht die einzige Weise von Schönheit ist? Vom Wesen des Schönen handelt der erste Teil der "Kritik der Urteilskraft" unter dem Titel "Kritik der ästhetischen Urteilskraft", "Erster Abschnitt", "Erstes Buch", "Analytik des Schönen". Danach ist "schön" ein Gegenstand, dessen anschauliche Präsenz alle unsere Erkenntniskräfte von den Sinnen bis zur Vernunft in ein harmonisches, ausgewogenes Spiel bringt, in welchem diese sich wechselseitig beleben und steigern. Darum verweilen wir im anschaulichen Anblick eines solchen Gegenstandes. Das Schönsein kennzeichnet den Gegenstand nicht in seinem inhaltlichen Was, wie es im Begriff vorgestellt wird, sondern im Wie seines Sich-Zeigens, also hinsichtlich der Art seiner anschaulichen Präsenz. Ein Gegenstand ist im Hinblick darauf, daß er uns in einen solch wundersamen Gemütszustand versetzt, durch eine eigene Art von Zweckmäßigkeit bestimmt. Solche Gegenstände treffen wir gelegentlich in der Natur an. Sie versetzen uns in eine sich von allem Sichumtun enthaltende, betrachtende Verweilung, die Kant Kontemplation nennt. Werden nun solche Gegenstände eigens vom Menschen hervorgebracht, so sprechen wir von Kunstwerken. Naturschönheit betrifft also nur die Art des *Sich-darstellens* eines Naturgegenstandes in der Anschauung, aber nicht das, was und wie dieser Gegenstand als solcher *ist*. Das Schöne, das die Natur hervorbringt, steht also in keiner Analogie zu den sich organisierenden Naturprodukten.

Eine das Bisherige zusammenfassende Definition lautet: "Ein organisiertes Produkt der Natur ist das, in welchem alles Zweck und wechselseitig auch Mittel ist."[3] Ein solches Gebilde können wir uns seiner Möglichkeit nach nur so denken, daß die Idee des Ganzen die Teile und ihre Verknüpfung zu einem einigen Ganzen bestimmt, mit der Restriktion, daß gleichwohl die Idee des Ganzen nicht der Realgrund sein kann; denn dann hätten wir es nur mit einem Kunstprodukt zu tun. Eines aber steht unbezweifelbar fest: Um organische Produkte überhaupt als solche in den Blick zu bekommen und auf ihre Eigenschaften hin erforschen zu können, müssen wir zumindest ihre *Möglichkeit* nach dem Grundsatz einer finalen Kausalität beurteilen.

Die Frage ist nun, ob ein solcher Grundsatz nur von der Art ist, daß wir mit ihm unserer Betrachtungsweise solcher Naturprodukte eine Regel (oder wie Kant auch sagt, eine Maxime) geben, oder ob er ein objektives Prinzip der Natur ist, das die Wirkweise der Natur selbst bestimmt?[4] Im zweiten Falle würde die finale Kausalität die effiziente bestimmen, d.h. die Endursachen wären es, welche die Wirkursachen erst zu ihrem Wirken bestimmten. Die Bewegungsgesetze (physikalischer und chemischer Art) wären der kausal-finalen Gesetzlichkeit untergeordnet. Es ist dies der immer wieder aufs neue entfachte Streit um die Möglichkeit einer teleologischen Naturbetrachtung, der durch Kant einer endgültigen Entscheidung zugeführt worden ist, die bis heute gültig geblieben ist.

Die hier gestellte Frage, welchen Charakters der Grundsatz der finalen Kausalität hinsichtlich der Naturprodukte sei, scheint auf den ersten Blick rein spekulativer Natur zu sein. Solange wir uns nämlich im Vollzug bloßer Naturforschung innerhalb der Grenzen dieser Naturforschung halten, kann es unausgemacht bleiben, wie die Frage zu beantworten ist. Es genügt dann, den Grundsatz der finalen Kausalität als eine unentbehrliche Maxime für die Beobachtung und Durchforschung der organischen Naturprodukte zu nehmen. Von diesem Grundsatz macht die informationstheoretische Interpretation des Biologischen auf ihre Weise Gebrauch, nach welcher die Gene ein Alphabet, gleichsam

---

3 K.d.U., § 66; AA V, S. 376.
4 K.d.U., § 72; AA V, S. 390.

ein Informationsarchiv enthalten, das eine bestimmte Menge von Informationen gespeichert hat. Aber aus solcher Betrachtungsart geht die Frage natürlicherweise hervor, ob es sich um eine bloße Forschungsmaxime handelt oder ob die Natur nach diesem Grundsatz selbst wirkt.

Tatsache ist: Wir finden in der Natur Gegenstände vor, deren Möglichkeit wir uns nur gemäß dem Begriff der Zweckverbindung denken können. Die Frage ist, ob die Zweckverbindung in der Natur eine besondere Art ihres Wirkens *beweise* oder ob sie mit dem Wirken nach bloßen Bewegungsgesetzen identisch sei, ob es hier gar keine eigene Art von Kausalität gebe, nur daß wir es, wenn wir in der Nachforschung bei bestimmten Naturprodukten nicht weiterkommen, mit der Kausalität nach Ideen versuchen, also ihre Produkte nach der Art der finalen Kausalität betrachten. Dann wäre die teleologische Betrachtung nur eine Art von Notbehelf, mit dem wir in einigen Fällen weiterkommen, in anderen nicht.

Kant nennt an dieser Stelle die finale Kausalität wegen des Zweckähnlichen, das sie ja in jedem Fall hat, eine *Technik der Natur*[5], weil das griechische Wort τέχνη (Techne) eine Weise des Hervorbringens bedeutet, bei der das vorweggenommene Ende, nämlich das hervorzubringende einheitliche Ganze, die Wirkursache zum Wirken bestimmt.

Diese Technik der Natur ließe sich einteilen in die absichtlich (*technica intentionalis*) und die unabsichtlich wirkende Technik der Natur (*technica naturalis*). Die erste besagt: Die Produktion der Natur ist von der Art der finalen Kausalität. Die andere besagt: Das Wirken der Natur ist durchgängig nur ein effizient-kausales Wirken, das nach bloßen Bewegungsgesetzen geschieht, aber bei bestimmten Produkten, die wir die organischen nennen, zufällig mit unseren analogisierenden Betrachtungen übereinstimmt.

Diese beiden Auffassungen sind einander zwar entgegengesetzt, aber aufgrund einer Gemeinsamkeit geeint: Sie sind beide *dogmatisch*. "Dogmatisch" ist eine Setzungsweise, dergemäß etwas einfachhin entweder als seiend oder als nichtseiend behauptet wird. So verhält es sich hier: Die eine Auffassung setzt die finale Kausalität als seiend, die andere als nichtseiend, nämlich fälschlich von uns in die Natur hinein-

5 K.d.U., § 72; AA V, S. 390.

gedeutet, weil die Verfassung bestimmter Naturprodukte mit unserem Herstellungsverfahren zufällig übereinstimmt. Es könnte aber auch noch eine andere, nicht-dogmatische Denkweise geben, dergemäß wir uns die organischen Produkte ihrer Möglichkeit nach durch finale Kausalität bestimmt denken müssen, ohne sie zu einem objektiven Prinzip der Natur selbst zu erklären. Diese Auffassung impliziert die Aufgabe, Wesen und Notwendigkeit eines solchen, die Forschung leitenden Prinzips aus den Wesensgründen menschlicher Erkenntnis selber einsichtig zu machen. Kant macht an dieser Stelle darauf aufmerksam, daß diese dritte Auffassung gegenüber den beiden dogmatischen einen wesentlichen Vorteil hat.[6]

Beim dogmatischen Verfahren entsteht die folgende kontradiktorische Opposition einander sich aufhebender Thesen: Alle Erzeugungen der Naturdinge sind nur nach effizienter Kausalität möglich (These). - Einige naturhafte Erzeugungen sind ohne finale Kausalität nicht möglich (Antithese). Satz und Gegensatz stehen in kontradiktorischer oder analytischer Opposition. Eine Vereinigung ist nicht möglich.

Anders stellt sich die Sache dar, wenn die dritte Auffassung zum Zuge kommt. Das würde so aussehen: Den Grundsatz der effizienten Kausalität hat Kant selbst in der "Kritik der reinen Vernunft" innerhalb des "Systems aller Grundsätze des reinen Verstandes" unter dem Titel "Zweite Analogie der Erfahrung" aufgestellt: "Alles, was geschieht (anhebt zu sein) setzt etwas voraus, worauf es *nach einer Regel* folgt".[7] Dieser Satz ist ein transzendentaler Grundsatz, d.h. aus ihm wird einsichtig, wie gegenständliche Erkenntnis möglich ist, dergemäß wir nicht nur einen Wechsel von subjektiven Wahrnehmungen in uns haben, sondern durch subjektive Wahrnehmungszustände hindurch objektive Geschehnisse erkennen können. Nun stoßen wir allerdings in der Erfahrung auf Gegenstände, die durch effiziente Kausalität allein in ihrer Möglichkeit nicht verstehbar sind: die organischen Produkte der Natur. Um solche Erfahrungen auch nur verstehen zu können, bringen wir zusätzlich die Vernunft ins Spiel, den Zweckbegriff, freilich nicht als ein die Natur konstituierendes Prinzip, denn dann würde ja eine kontradiktorische Opposition mit dem transzendentalen Gesetz des Verstandes eintreten, sondern als eine Anweisung, wie wir uns die Mög-

---

[6] K.d.U., § 72; AA V, S. 391.
[7] K.d.r.V., A 189.

lichkeit solcher Naturprodukte zu *denken* haben. In diesem Fall hätten wir es nicht mit kontradiktorischen, sondern bloß mit disparaten Prinzipien zu tun, die eine Vereinigung zulassen. Diese dritte Auffassung, auf die hier nur vorausgedeutet ist, schließt eine doppelte Aufgabe ein: 1. den Ursprung teleologischer Prinzipien, die nicht als konstitutive Prinzipien der Natur beansprucht werden, sowie das Recht ihres Gebrauchs aus den Wesensgründen menschlicher Erkenntnis nachzuweisen; 2. die Möglichkeit und die Art ihrer Vereinigung mit der kausal-effizienten Kausalität darzutun, und zwar deshalb, weil ohne effiziente Kausalität Erkenntnis objektiver Vorgänge überhaupt nicht möglich ist, so daß wir auf die Erklärungsweise nach der effizienten Kausalität auf keinen Fall verzichten können.

Ehe Kant an diese Auffassung herangeht, zeigt er zunächst, daß kein dogmatisches System der Naturerklärung die Frage zu lösen vermag, wie organische Naturprodukte Gegenstände möglicher Erkenntnis zu werden vermögen. Der Nachweis ist ein *indirekter Beweis* für die einzig mögliche Erklärungsweise, nämlich die dritte Auffassung, die wir die transzendental-kritische ("kritisch" im Sinne von "restriktiv") nennen wollen. Die dogmatischen Erklärungsweisen gliedern sich in den Idealismus und Realismus der Naturzwecke:

1. *Idealismus* der Naturzwecke: Der Ausdruck "Idee" ist an dieser Stelle bei Kant genau in dem Sinne zu nehmen, wie ihn Descartes gebraucht: als Synonym für *perceptio*, ein Wort, das ins Deutsche mit "Vorstellung" übertragen worden ist. Sofern nämlich jede Vorstellung Vorstellung von etwas ist, nennt Descartes die Vorstellungen Ideen, ein Wortgebrauch, der dann auch auf den englischen Empirismus übergegangen ist. Demnach ist zum Beispiel die Rotempfindung eine Idee; denn in dieser Empfindung bekundet sich etwas, eben dieses Rot, diese Farbenbestimmtheit im Unterschied zu anderen Farben. Erst Kant hat, wenngleich in neuzeitlicher Umwandlung, dem Wort "Idee" seine ursprüngliche platonische Würde zurückgegeben. An dieser Stelle aber hält sich Kant an den damals herrschenden Bedeutungsgebrauch: Idee gleich Vorstellung von etwas, so daß sich darin irgendetwas in einer Bestimmtheit bekundet. Idealismus der Naturzwecke heißt also: Das Zweckmäßige besteht nur in unseren Vorstellungen von der Natur und nicht in der Naturwirklichkeit selbst.

2. *Realismus* der Naturzwecke: Die Zweckverbindungen liegen in der Sache, in der *res*. Und *res* heißt immer: wirklich existierende Sache.

Also ist die Zweckverbindung, da in der *res naturalis* selbst liegend, etwas Reales. Daraus kann als Folge sogar noch die Hypothese abgeleitet werden, daß auch die nicht-organischen Produkte im Hinblick auf das Naturganze durch Zweckmäßigkeit bestimmt seien, so daß die Natur im ganzen zweckmäßig angeordnet sei.

Der *Idealismus* der Zeckmäßigkeit läßt sich nun seinerseits in zwei Möglichkeiten gliedern: a) in die Lehre von der Kasualität, b) in die Lehre von der Fatalität.

a) *Kasualität*: Es handelt sich bei der Lehre von der Kasualität um den bestimmenden Grund der Gesetze, nach denen die Natur wirkt, also um die Form der Natur, denn die Form der Natur ist ihre Gesetzmäßigkeit. Nach kasualistischer Lehre beruht die Form der Natur auf Zufall, d.h., die Natur wirkt und produziert nach bestimmten Gesetzen, aber daß es gerade diese und keine anderen Gesetze sind, das beruht auf Zufall. Der Zufall in der kasualistischen Lehre erstreckt sich also nicht nur auf die Gesetze, nach denen die organische Natur produziert, sondern auf das Wirken der Natur überhaupt.

b) *Fatalität*: Für diese ist die Philosophie Spinozas repräsentativ. Nach Spinoza folgt die gesetzmäßige Beschaffenheit der Welt und ihrer Einheit mit derselben Notwendigkeit aus dem göttlichen Weltgrund wie die Eigenschaften des Dreiecks aus dem Wesen des Dreiecks folgen.

Die Kasualität ist also eine physische, die Fatalität eine hyperphysische Erklärungsweise. Mit der Lehre von der Fatalität betreten wir bereits den über die Natur hinausliegenden, hyperphysischen, wir können nun auch sagen: metaphysischen Bereich.

Auch der *Realismus* der Naturzwecke gliedert sich in zwei Arten; auch er ist entweder physisch oder hyperphysisch:

a) Der *physische Realismus*: Er behauptet, der Materie wohne ein in Analogie zum Lebendigen wirkendes Vermögen inne und bringe insofern schon zweckmäßige Gebilde hervor. Das ist die Lehre des *Hylozoismus*. Oder man behauptet, da diese Lehre dem Begriff der Materie als solcher widerspricht, ihr sei ein eigenes Lebensprinzip beigesellt, welches bewirke, daß aus der Materie Organismus würde, also eine *Weltseele*.

b) Der *hyperphysische Realismus*: Die Zweckverbindungen und das Wirken nach Zwecken in der Natur werden hergeleitet aus dem Urgrund der Welt, welcher ein nach Absichten handelndes Wesen, also eine mit Verstand begabte Weltursache ist. Das ist der *theistische* Realismus der Naturzwecke.

Kant zeigt in einer kritischen Diskussion (§ 73), daß keine dieser Erklärungsweisen das zu leisten vermag, was sie vorgibt.

1. Der *Idealismus* der Naturzwecke, a) die *Kasualität*: Diese Lehre wird vor allem Epikur und Demokrit zugeschrieben. Es wird bestritten, daß ein Zweck die Ursache für die Produktion von Naturdingen sei. Nach der kasualistischen Lehre beruhen nicht nur die Übereinstimmung gewisser organischer Naturprodukte mit einem Begriff von Zweck auf Zufall, sondern auch die Form der Natur überhaupt, also sämtliche Bewegungs- und Kraftgesetze. Die Schwächen einer solchen Lehre sind offenkundig: Wenn die Natur auf bestimmte Weise wirkt und produziert, aber so, daß sie auch auf andere Weise hätte produzieren und wirken können, dann muß es für die Art, gemäß welcher sie wirkt und produziert, einen bestimmenden Grund geben. Als diesen Grund den Zufall anzugeben, heißt, ein nichts besagendes Verlegenheitswort aussprechen. Und ferner: Nach dieser Lehre beruht eine teleologische Beurteilung der Naturprodukte auf einem bloßen Schein. Aber das Dasein dieses Scheins ist doch unbestreitbar. Der Kasualismus vermag nicht einmal diesen Schein in unserer Beurteilung als Schein zu erklären. Woher soll er stammen, wenn alles nach auf Zufall beruhenden kausal-mechanischen Gesetzlichkeiten entsteht? Darauf bleibt der Kasualismus ebenfalls die Antwort schuldig.

b) Die *Fatalität*: Spinoza bestreitet nicht nur den Realismus der Naturzwecke, er will uns sogar der Frage nach dem Grund der Möglichkeit von Naturzwecken in der Natur entheben, nämlich so: Die Naturdinge sind überhaupt nicht Produkte des göttlichen Urwesens, sondern diesem inhärierende Bestimmungen, so wie das Dreieck nicht die produzierende Ursache seiner Eigenschaften ist, sondern diese ihm wesenhaft und notwendig mitgegebene Bestimmtheiten sind, so daß in dem Augenblick, in dem ein Dreieck konstruiert wird, auch schon sämtliche Eigenschaften mit da sind, und zwar notwendigerweise. Und so wie aus der Existenz des Dreiecks alle seine Eigenschaften mit Notwendigkeit folgen, so folgt aus der Existenz des göttlichen Urwesens mit Notwendigkeit die Gesamtheit der Weltdinge als die dem Urwesen immanenten Bestimmtheiten. Es liegt nach Spinoza überhaupt kein Verhältnis der Kausalität vor, sondern das Verhältnis der Subsistenz und Inhärenz. Da alle Weltdinge Akzidentien der göttlichen Substanz sind, so sind sie in ihr geeint, so daß die mannigfachen Naturdinge und Naturformen durch ihr Geeintsein in der göttlichen Substanz die Einheit einer Welt ausmachen. Hier gibt es kein Auch-anders-sein-Können, weil alle Naturformen mit Wesensnotwendigkeit aus der Natur des Urwesens folgen. Hier herrscht absolute Notwendigkeit, die Fatalität. Diese einzusehen und diese anzuerkennen, in diese sich zu fügen, das ist nach Spinoza die Aufgabe menschlicher Erkenntnis.

Nun, es ist klar, daß diese Denkweise keine Zweckeinheit und keine Zweckverbindung ergeben kann, denn für Zweckverbindungen in der Natur wäre ein Zweifaches erforderlich, das bei Spinoza entfällt:

(a) Die Weltdinge müßten zum Weltgrund in einem kausalen Verhältnis stehen, sie müßten Wirkungen des Weltgrundes sein und nicht der Ursubstanz inhärierende Bestimmtheiten.

(b) Dieses Wirken der Weltursache müßte durch einen Verstand geleitet sein, denn sonst kommt überhaupt kein Zweck und keine Zweckmäßigkeit zustande.

Das Unzureichende der Lehre Spinozas besteht nach Kant darin: Sie vermag nicht die Idee der Zweckmäßigkeit in uns zu erklären, wenn anders doch auch unser Denken eine Bestimmtheit des Urwesens ist. Aus ihm können wir eine Idee der Zweckmäßigkeit nicht herleiten; denn wie immer es mit dieser Idee bestellt sein mag, sie müßte in ihrer Herkunft aus dem Urwesen nachgewiesen werden. Das vermag Spinozas Fatalismus nicht.

2. Der *Realismus* der Naturzwecke: Seine Vertreter behaupten eine besondere Kausalität, die innerhalb der Natur nach Absichten wirkt. Nehmen wir diese Auffassung nach dem geringsten Grad ihres Anspruches auf, d.h. kommen wir ihr soweit wie möglich entgegen, dann hat sie den Charakter einer Hypothese. Eine Hypothese ist eine Vorausannahme im Sinne eines möglichen Erklärungsgrundes. Die erste Bedingung für eine Hypothese ist daher die Einsicht in ihre Möglichkeit. Wie steht es nun hinsichtlich der Möglichkeit des Realismus der Naturzwecke?

a. Der *Hylozoismus*: Die Möglichkeit einer in sich belebten Materie widerstreitet, wie schon gesagt, sogar dem Begriff der Materie. Deshalb gehen die Zweckrealisten dazu über, die Materie mit einem eigenen, selbständigen Lebensprinzip zu begaben, nämlich mit einer Weltseele, die die organischen Produkte produziert. Diese Annahme schließt ein, daß das Naturganze ein einziges großes Lebewesen sei.

Nun mag eine solche Hypothese vom Naturganzen als einem großen Lebewesen an einzelnen Naturgegenständen bestätigt werden - nämlich an den organischen Produkten und den Lebewesen -, aber wie vermögen wir auch nur die Möglichkeit einzusehen, daß das Naturganze ein einziges großes Lebewesen sei? Wenn das nicht der Fall ist, gleichwohl diese Hypothese sich an einzelnen Erfahrungsgegenständen, organischen Produkten und Tieren, zu bestätigen scheint, dann muß hier ein Zirkel im Beweis vorliegen. Und so verhält es sich auch. Diese Erklärungsweise begründet die Zweckmäßigkeit der organischen Produkte aus dem Leben der Materie, aus der mit der Materie verbundenen Weltseele, und begründet nun umgekehrt diese These von der Weltseele mit unserer Erfahrung von organisierten Wesen.

b. Die *theistische* Erklärungsweise, nach welcher sich die Zweckverbindungen in der Natur einer mit Verstand und Willen begabten Weltursache verdanken, ist zunächst zurückzustellen. Das Unzureichende dieser Erklärungsweise wird im nächsten Abschnitt (zu § 74) ausführlich aufgewiesen. Aber soviel können wir schon sagen: Wenn die organischen Produkte Produkte einer mit Verstand und Willen begabten und absichtlich wirkenden Ursache sind, dann sind sie zwar nicht Produkte menschlicher Kunst, aber einer übermenschlichen Kunst und damit nicht Naturprodukte.

3. Die transzendental-kritische Begründung des Begriffs eines Naturzwecks (zu K.d.U., §§ 74 u. 75)

Die dogmatischen Naturerklärungen leisten nicht das, was sie zu leisten vorgeben. Damit öffnet sich der Weg für eine dritte Möglichkeit, die kritisch-transzendentale. Nun ist aber wichtig zu sehen, daß Kant nicht nur eine neue Problemlösung, sondern eine Wesensumprägung des Problems überhaupt bringt, und zwar durch eine vierfache Betrachtung:

1. durch den Nachweis, daß und weshalb ein Naturzweck wesenhaft unerklärlich ist (§ 74);

2. durch den Nachweis, daß die Idee einer objektiven Zweckmäßigkeit gleichwohl ein notwendiges Prinzip unserer Naturbetrachtung ist (§ 75);

3. durch die Aufdeckung der menschlich-endlichen Wesensverfassung des Erkenntnissubjekts als des Grundes dieser Notwendigkeit (§ 77).

4. In § 76 ist in Form einer Anmerkung etwas Wesentliches dazwischengestellt: die Wesensverfassung der menschlich-endlichen Erkenntnis überhaupt, d.h. Art und Umkreis der Offenbarkeit von Sein für den Menschen in transzendentalphilosophischer Sicht.

Kant macht zunächst sichtbar, daß der Naturzweck unerklärlich ist und deshalb der Begriff einer finalen Naturkausalität nicht dogmatisch, d.h. nicht in der Form der Seinsbehauptung oder Verneinung gebraucht werden kann. Die Vorbereitung für diesen Nachweis muß weit ausholen. Sie nötigt uns, in das Zentrum hineinzudenken, um welches sich die ganze Transzendentalphilosophie Kants dreht, d.h., wir werden genötigt, einen wesentlichen Abschnitt aus der "Kritik der reinen Vernunft" hinzuzuziehen.

Erkenntnis in ihrem Grundakt besteht im Bestimmen von Gegenständen durch den Begriff. Also hat Erkenntnis die Gestalt des Urteils. Nun gibt es Begriffe von ausgezeichneter Art, nämlich solche, in denen nicht ein einzelner Gegenstand oder ein Gegenstandsbezirk in seinem Was und Wie und Wodurch bestimmt wird, sondern das, was ein Gegenstand überhaupt und als solcher ist. Es sind dies allgemeine Gegenstandsbegriffe, in denen die Gegenständlichkeit der Gegenstände vorgestellt wird. Diese allgemeinsten Gegenstandsbegriffe gehen allen Urteilen voraus, weil in ihnen ja das allererst gefaßt ist, was ein Gegenstand als solcher ist. Kant nennt sie *Kategorien*. Er übernimmt diesen Namen von Aristoteles, der die allgemeinsten Seinsbestimmungen zum ersten Mal entdeckt hatte. Diese fundamentale Entdeckung der Kategorien und eine erste Analyse dieser Kategorien finden wir niedergelegt in der Schrift des Aristoteles "Über die Kategorien".

Da diese Kategorien noch höher liegen als die obersten Gattungsbereiche des Seienden, also auch diese noch an Allgemeinheit übersteigen, nennt Kant die Kategorien transzendentale Begriffe. Und weil das Vermögen der Begriffe der Verstand ist, so heißen sie auch transzendentale Verstandesbegriffe. Und weil sie ferner aller gegenständlichen Erfahrung als leitende Hinblicke vorausgehen, also nicht erst nachträglich aus der Erfahrung geschöpft sind, heißen sie auch apriorische oder reine Verstandesbegriffe, Begriffe, die nicht nur ihrer Form nach, sondern auch ihrem Inhalt nach aus dem reinen Verstand entspringen.

Um diese ausgezeichneten Begriffe aufzufinden und in ihrem Gesamtzusammenhang vor Augen zu führen, schlägt Kant den folgenden Weg ein:

Die Kategorien leiten und regeln alles *Urteilen*, alles begriffliche Bestimmen von Gegenständen. Nun besteht jedes Urteil, sofern ein Gegenstand durch einen Begriff bestimmt wird, wenigstens aus zwei Elementen, die im Urteil miteinander verknüpft werden. Etwas wird durch einen Begriff als etwas bestimmt, zum Beispiel Gold als Edelmetall in dem Urteil "Gold ist ein Edelmetall". Deshalb läßt sich jedes Urteil unterscheiden nach Inhalt und Form. Die Form betrifft dabei die Art und Weise, gemäß welcher etwas mit etwas verknüpft wird. Den Inhalt macht das aus, was jeweils miteinander verknüpft wird. Die Form, die Verknüpfungsweise der beiden Elemente, drückt sich im "ist" aus, welches eben deshalb auch Copula genannt wird. Die Weisen des Ist-Sagens sind die Formen des Urteils, eben die möglichen Verknüpfungsweisen von etwas mit etwas. Und nun verläuft Kants Gedanke folgendermaßen:

Die Kategorien, können wir sagen, bilden die Formen des Gegenstandes als eines solchen. Also bestimmen sie die Urteilsformen, nämlich die Grundweisen, wie im Urteil, im Ist-Sagen, Gegenstände gesetzt werden. Also müssen aus einer in Vollständigkeit vorgelegten Tafel der Urteilsformen auch die Formen der Gegenständlichkeit gewonnen werden, die Kategorien. Die Tafel der Urteilsformen gibt daher den Leitfaden ab für die Entdeckung der Kategorien. Diese Entdeckung legt Kant in dem Abschnitt der "Kritik der reinen Vernunft" vor, der die Überschrift trägt: "Von den reinen Verstandesbegriffen oder Kategorien".[8] Hier zeigt Kant, daß jedes Urteil seiner Form nach unter vier Hinsichten steht, die ihrerseits wieder nach drei Hinsichten gegliedert werden, so daß es im ganzen zwölf Urteilsformen gibt. Diesen zwölf Urteilsformen müßten zwölf Kategorien entsprechen, von denen jeweils drei unter einem gemeinsamen Titel zusammengefaßt sind. Welches sind nun diese zwölf Urteilsformen?

1. Ein jedes Urteil steht immer schon in der bestimmenden Hinsicht seiner *Quantität*, und zwar so, daß es entweder ein allgemeines Urteil oder ein besonderes Urteil ist (z.B. ein Urteil über den Schreibtisch überhaupt oder über eine besondere Art von Tischen) oder ein

---

[8] K.d.r.V., B 102ff.

einzelnes Urteil (z.B. ein Urteil über diesen Schreibtisch, an dem ich sitze). Diesen Urteilsformen entsprechen drei Gegenstandsbegriffe, Kategorien. Dem allgemeinen Urteil entspricht die Gesamtheit oder, wie Kant sagt, die *Allheit*, z.B. die Gesamtheit aller wirklichen und möglichen Tische. Dem besonderen Urteil entspricht das Vieles-Sein, die *Vielheit*; und dem Einzelurteil entspricht das Einzel-Sein (*Einheit*).

2. Ein jedes Urteil ist seiner Form nach entweder bejahend oder verneinend. Es spricht einer Sache etwas zu oder ab. Schließlich kann ein Urteil auch eine Sache in eine weiter nicht bestimmte Sphäre versetzen, z.B. in dem Urteil "Das Denken ist etwas Nichtsinnliches". Dieses Urteil hat nicht die Form der Bejahung; denn das Denken wird ja nicht in dem bestimmt, was es selber ist, sondern es wird von ihm nur das Sinnliche weggenommen. Aber es ist auch nicht ein bloß verneinendes Urteil, das von dem Denken nur etwas fernhält, was ihm nicht zukommt. In bloß verneinender Form würde das Urteil lauten: "Das Denken ist nicht etwas Sinnliches". Der Sinn dieses Urteils seiner Form nach ist dieser: Vom Denken wird das Sinnliche insgesamt weggenommen, aber nicht nur das, sondern es wird in die Sphäre alles Nicht-Sinnlichen versetzt, die aber selbst unbestimmt bleibt. Das Unbestimmte, das Unbeschränkte, heißt in der philosophischen Sprache der damaligen Zeit auch das Unendliche. Deshalb heißen solche Urteile unendliche Urteile. Sehen wir nun zu, welche Gegenstandsbegriffe diesen Urteilsformen entsprechen. Allen drei Urteilsformen ist gemeinsam, daß durch sie eine Sache eine Bestimmtheit, eine Determination, erfährt, und zwar entweder eine positive, "Das Blatt ist grün", oder eine negative, "Das Blatt ist nicht grün", oder eine unbeschränkte Determination, indem eine Sache in eine Sphäre versetzt wird und durch diese bestimmt wird, die aber an sich selbst unbestimmt bleibt. Eine solche determinierende Bestimmtheit einer Sache heißt in der überlieferten Sprache *Qualität*. Die positive Qualität heißt *Realität*, Sachgehalt. Die negative Qualität heißt *Negation*, Bestimmtheit durch das Fehlen von etwas. Die unbestimmte Qualität, nämlich daß eine Sache nur durch eine selbst unbestimmte Sphäre bestimmt wird, heißt *Limitation*. Also sind Realität, Negation, Limitation die den qualitativen Urteilsformen entsprechenden Kategorien.

3. Jedes Urteil, sofern es eine Verknüpfung von etwas mit etwas darstellt, hat die Form der *Relation*, die sich in drei Arten gliedert: Ent-

weder wird die Relation einfachhin gesetzt, "Die Früchte reifen". Das ist die *kategorische* Form der Urteile. Oder die Relation wird unter einer Bedingung gesetzt, "Die Früchte reifen, wenn die Sonne genügend scheint", das ist die *hypothetische* Form der Urteile; oder es werden einer Sache zwei einander ausschließende Möglichkeiten zugesprochen, von denen nur eine ihr zukommt, "Jede natürliche Zahl ist entweder gerade oder ungerade", das ist das *disjunktive* Urteil. So gibt es hier drei Urteilsformen in Hinsicht auf die Relation: kategorische, hypothetische, disjunktive Urteile. Dem kategorischen Urteil entspricht als Gegenstandsbegriff das Verhältnis von *Inhärenz und Subsistenz* oder von *Substanz und Akzidenz*. Um bei dem Beispiel zu bleiben: Das Reifen der Früchte ist ein Zustand, der selbst nur an und in einem andern, eben den Früchten besteht, während die Früchte an sich selbst bestehen. Dem hypothetischen Urteil entspricht als Gegenstandsbegriff die *Kausalrelation*. Dem disjunktiven Urteil entspricht die *Wechselwirkung*. Kant macht darauf aufmerksam, daß die Entsprechung dieser Kategorie zum disjunktiven Urteil nicht so leicht in die Augen springe.[9] Ich verzichte darauf, diesen Gedankengang hier nachzuvollziehen.

4. Schließlich ist jedes Urteil seiner Form nach durch eine gewisse Setzungsart bestimmt, durch eine *Modalität*, deren es wiederum drei gibt. Die Setzungsart kann *problematisch* sein, d.h. es bleibt offen, ob die im Urteil vollzogene Verknüpfung besteht oder nicht besteht: *problematisches Urteil*. Sie kann in der Form der Tatsachenbehauptung geschehen: *assertorisches Urteil*, oder die Setzungsart kann *apodiktisch* sein, sie schließt dann die Unmöglichkeit des Nicht- oder Andersseins ein. Apodiktizität bildet die Auszeichnung der wissenschaftlichen Urteile, oder sie streben die Apodiktizität soweit wie möglich an. - Bei diesen Urteilen der Modalität handelt es sich um das "Ist" der Kopula selbst. Dieses im Ist-Sagen gemeinte Sein bedeutet beim problematischen Urteil *Möglichsein*, d.h. Offensein des Gegenstandes des Urteils nach Sein und Nichtsein, oder dessen Gegenteil, das *Unmöglichsein*. Im assertorischen Urteil bedeutet das "Ist" der Kopula Sein im Sinne von *Wirklichsein* oder *Dasein* und das Gegenteil *Nichtsein*. Im apodiktischen Urteil schließlich besagt das "Ist" sogar *Notwendigsein*, es schließt also die Einsicht der Unmöglichkeit des Nicht- oder Anders-sein-Könnens

---

[9] K.d.r.V., B 111.

des Sachverhaltes ein; oder das Urteil bedeutet das Gegenteil: zwar Sein, aber so, daß es auch anders oder nicht sein kann: *Zufälligsein*.

So lassen sich aus den zwölf Urteilsformen zwölf allgemeine Gegenstandsbegriffe gewinnen: die Kategorien. Aber aus dieser Gewinnung der Kategorien aus der Analyse der Urteilsformen erwächst eine bedrängende Frage, die uns ins Zentrum der Kantischen transzendentalen Ontologie führt. Diese Kategorien stammen aus dem reinen Verstand. Sie sind die Grundweisen, denen gemäß wir überhaupt Gegenstände denken, und insofern sind sie die Wesensformen unseres gegenständlichen Denkens selbst. Aber sie bestimmen zugleich die Grundformen all unseres Urteilens. Im Urteil spricht sich nicht nur Denken aus, sondern das Urteil vollzieht das Ist-Sagen, d.h. im Urteil wird ein Sachverhalt als seiend behauptet in den mannigfachen Weisen von Sein. Wenn nun die Kategorien die Grundformen unseres Denkens von Gegenständen sind und wir zugleich in jedem Urteil diese Denkformen des Verstandes als Gegenstandsbestimmungen der Gegenstände selbst beanspruchen, mit welchem Recht tun wir das? Woher wissen wir, daß die Art und Weise, wie wir Gegenstände als solche denken, auch die Bestimmtheit der Gegenstände selber ist? Was berechtigt uns, die Grundformen des Denkens als die objektiven Bestimmtheiten der Objekte selbst zu beanspruchen? Anders gesagt: In jedem Urteil gebrauchen wir die *modi cogitandi* als die *modi essendi* der Dinge, mit welchem Recht?

Den Nachweis der Rechtmäßigkeit eines Begriffs in Anwendung auf einen Gegenstand nennt Kant nach einem aus dem Juristischen entnommenen Begriff "Deduktion". Deduktion heißt in der K.d.r.V. nicht Ableitung des Besonderen aus dem Allgemeinen, sondern das Wort ist in juristischem Sinne gemeint, aber in die philosophische Sphäre übertragen und bedeutet Nachweis der Berechtigung der Kategorien in Anwendung auf Gegenstände. Kant unterzieht sich der Aufgabe, den Nachweis der Berechtigung des sogenannten objektiven Gebrauchs der reinen Verstandesbegriffe unter dem Titel "Transzendentale Deduktion der reinen Verstandesbegriffe" zu erbringen. "Transzendental" ist bei Kant primär kein Gegenstands-, sondern ein philosophischer Erkenntnisbegriff und zeigt in diesem Zusammenhang die Aufgabe an, einsichtig zu machen, wie sich aus dem reinen Verstand entsprungene Begriffe auf Gegenstände beziehen können, d.h. wie aus dem reinen Verstand entsprungene Begriffe Bestimmtheiten der Gegenstände sein können, die uns ja nicht durch das Denken, sondern aus der Sinnesanschauung gegeben werden.

Kants "Transzendentale Deduktion der reinen Verstandesbegriffe" kann man den tragenden Grundgedanken seiner Philosophie nennen, die ohne diese transzendentale Deduktion überhaupt unverstanden bleibt. Kant hat denn auch auf diese Aufgabe die größte Anstrengung gewendet, ja, er hat sich die transzendentale Deduktion geradezu erkämpfen müssen. So hat er in der zweiten Auflage der K.d.r.V. der "Deduktion" eine ganz neue Fassung gegeben, in der Hoffnung, sich vor sich selbst und vor den Lesern deutlicher auszusprechen. Ich kann natürlich im folgenden die vielfältigen, noch dazu ineinander verschränkten Beweisgänge nicht im einzelnen nachzeichnen. Ich beschränke mich darauf, einen Durchblick zu geben.

Die Kategorien sind das zuerst und ständig bei allem Denken von Gegenständen Gedachte, ob wir uns dessen bewußt sind oder nicht. Nun ist aber alles Denken immer auch ein Ich-denke, d.h., zum Wesen des Denkens gehört immer auch der bleibende und durchgängige Hinblick meiner auf mich selbst, den Denkenden. Dieser Hinblick auf mich selbst braucht von uns nicht explizit vollzogen zu werden in der Form: Ich bin es, der denkt. Wohl aber ist der (zumeist unthematisch bleibende) Hinblick auf mich, den Denkenden, die oberste Bedingung alles Denkens. Deshalb ist diese Einheit meiner mit mir selbst, dem Denkenden, von noch höherem Rang als selbst die kategorialen Einheiten, die ja ebenfalls Wesensbedingungen des gegenständlichen Denkens sind. Anders gesagt: Denken ist in seinem Wesen selbstbewußtes Denken. Und diese in der Mannigfaltigkeit der unablässig wechselnden Sinneswahrnehmungen sich durchhaltende Einheit und Identität des Selbstbewußtseins ist die oberste Bedingung alles Erkennens. Denn ohne sie würden wir uns in die jeweiligen Wahrnehmungen in ihrem permanenten Wechsel verlieren.

Kant nennt dieses überall mit sich identische Selbstbewußtsein die ursprünglich-synthetische Einheit der Apperzeption[10], eine Wortverbindung, die bereits die Sacherfassung darstellt, wenn wir die Begriffe und ihre Fügung recht zu erläutern verstehen. Zunächst zur Apperzeption: Das Wort ist ein Kompositum zu *perceptio*, wofür auch in der damaligen philosophischen Sprache *repraesentatio* steht. *Perceptio* wurde ins

---

[10] K.d.r.V., § 16, B 131.

Deutsche mit "Vorstellung" übersetzt, ein Wort, das gemäß dem Sprachgebrauch des 17. und 18. Jahrhunderts in einer ganz weiten Bedeutung zu nehmen ist. Es meint: Etwas bekundet sich mir, etwas ist mir in der Weise gegenwärtig, daß es sich bekundet oder bekunden kann, was und wie es auch sei und von welcher Art seine Bekundung auch sein mag. So ist ein Gefühl eine Perzeption, denn darin bekundet sich ein Zustand meiner selbst, eine Weise, wie ich mich befinde. Aber auch eine empirische Erkenntnis ist eine Perzeption und auch ein entwickelter logischer Sachverhalt. Wollen ist eine Perzeption, nämlich Vorstellen eines Ziels als etwas, was zu erreichen angestrebt wird. *Apperzeption* ist nun ein Steigerungsmodus der Perzeption. Apperzeption bedeutet: Sich bei einer Perzeption etwas denken. Und da Denken ein begriffliches Bestimmen von etwas ist, so heißt Apperzeption: etwas Perzipiertes bestimmen als das, wie und was oder wodurch es ist. Die Perzeption ist also nicht schon Apperzeption. Dafür ein einfaches Beispiel: Ich gehe auf der Straße an einem Menschen vorbei. Nach zehn Schritten fällt mir sein Name ein. Ich hatte also den Vorübergehenden bereits perzipiert. Aber ich hatte mir bei dieser Perzeption nichts gedacht, vermutlich, weil ich an anderes dachte. Erst nach zehn Schritten erhebe ich die Perzeption zur Apperzeption, zu einer ihrer selbst bewußten Perzeption, in welcher ich das Perzipierte als das oder das bestimme, d.h. denke. Wir haben viel mehr Perzeptionen - vielleicht sogar, wie Leibniz behauptet hat, unendlich viele -, von denen wir nur wenige in die Apperzeption erheben, so daß wir die Perzeption auf den in ihr repräsentierten Gegenstand selbst beziehen, also den Gegenstand der Perzeption bestimmen bzw. uns bei der Perzeption etwas denken. Man sieht: Apperzeption, also selbstbewußtes Vorstellen und Beziehen der Perzeption auf den in ihr repräsentierten Gegenstand sind ein und dasselbe.

Dies muß allerdings mit einer Einschränkung gesagt werden, die hier wenigstens erwähnt werden sollte. Die Apperzeption kann bloß subjektiv bleiben, dann nämlich, wenn wir die vom Denken begleiteten Vorstellungen in freier Assoziation miteinander verknüpfen, ohne diese Vorstellungen auf einen gegenständlichen Zusammenhang zu beziehen. Stellen wir uns vor, es träte der Schah von Persien zusammen mit dem Bundespräsidenten ein, um der Vorlesung über Kants transzendentale Metaphysik beizuwohnen. Hier liegt eine Apperzeption vor, denn wir sind uns der Vorstellung ja bewußt, aber eine bloß subjektive Apperzeption, denn wir sind uns dieser Vorstellung als bloßer Vorstellung bewußt, ohne sie auf eine gegenständliche Realität zu beziehen, denn wir wissen ganz genau, daß eben dies sich nicht ereignet und sich auch nie ereignen wird. Diese subjektive Apperzeption lassen wir jetzt beiseite. Thema der transzendentalen Deduktion ist nur die objektive Apperzeption. Von dieser objektiven Apperzeption können wir sagen: Apperzeption, selbstbewußtes Vorstellen, und Beziehen der Vorstellungen auf den Gegenstand sind ein und dasselbe. Das heißt aber, alles Bestimmen eines in der Sinnesanschauung in unbestimmter Weise gegebenen Gegenstandes in seinem Was und Wie und Wodurch ist in seinem Wesen Apperzeption, ist immer von der Vorstellung "ich denke" begleitet. Dabei drückt das "Ich" nichts anderes als die durchgängige Identität meiner mit mir selbst, dem Denkenden aus. In dem Maße, in welchem diese Identität sich lockert oder sich gar auflöst, treibt der Mensch in den Wahnsinn, indem er sich selbst bald als dieser, bald als jener erscheint, so daß zusammen mit seiner Identität des Selbstbewußtseins auch der objektive Weltbezug verlorengeht.

Diese Apperzeption nennt Kant *ursprünglich*. Das will sagen: Dinge sind uns dadurch für ein begriffliches Bestimmen, also für eine Erkenntnis von ihnen gegeben, daß wir Vorstellungen von ihnen durch Sinnesaffektion in der Anschauung empfangen. Die Vorstellung "ich denke" dagegen, die alle meine durch die Sinne empfangenen Vorstellungen begleiten können muß, sofern durch sie diese Gegenstände *erkannt* werden sollen, verdankt sich einem spontanen Akt des Verstandes, ist also etwas unableitbar Ursprüngliches. Zwar ist dieser Akt an organische Funktionen als Vollzugsbedingungen gebunden, aber er kann nicht durch Rückführung auf sie abgeleitet und erklärt werden. Soweit wir erfahren, eignet ein solch spontaner Akt der Apperzeption nur dem Menschen. Er zeichnet den Menschen als Menschen unter den übrigen Lebewesen aus.

Das alles sind bloße Vorerläuterungen, denn nun geht es darum, die entscheidende Bestimmung der Apperzeption zu verstehen: die Apperzeption ist *synthetisch*. Was bedeutet das?

Die Apperzeption, die spontane Vorstellung der Einheit und Identität des Bewußtseins, enthält nichts Mannigfaltiges, sondern nur den einfachen Gedanken "Ich", d.h. die bloße Grundform des Denkens als solche. Wären uns durch diesen Akt des Selbstbewußtseins schon die Gegenstände gegeben, dann hätten wir einen Verstand, der uns durch das Denken und im Denken das Mannigfaltige der Anschauung präsentieren würde, der also nicht nur den Gegenstand bestimmt, sondern dem durch sein Denken der Gegenstand selbst gegeben wäre, einen anschauenden, einen intuitiven Verstand.

Aber einen solchen Verstand kennen wir nicht. Und wenn es ihn geben sollte, so wäre er nicht unser menschlicher Verstand; denn diesem sind nicht durch das Denken bereits die Gegenstände gegeben, sondern er bleibt hinsichtlich des Gegebenseins der Gegenstände auf ein von ihm verschiedenes Vermögen angewiesen, eben auf die Sinnesanschauung. Erkannt wird der in den Sinnesanschauungen gegebene Gegenstand dadurch, daß wir ihn durch Synthesis des Mannigfaltigen der Anschauung zur Einheit und Identität im Denken, also durch den Begriff bestimmen, z.B. als ein Haus.

Nun ist alles Denken ein "Ich denke". Daraus folgt: Alles Vereinigen (Synthesis) des in der Anschauung gegebenen Mannigfaltigen zu einem Einen und Selben schließt noch eine andere Synthesis ein, nämlich eine Synthesis des zu vereinigenden Mannigfaltigen mit mir, dem Denkenden. Also stehen alle nur möglichen Sinnesanschauungen, in denen uns Gegenstände für eine mögliche Erkenntnis gegeben werden, von vornherein in einer *notwendigen* Beziehung zur Einheit der Apperzeption. Auf die Erfassung und Bestimmung dieser Beziehung kommt es an; denn sie ist der oberste Möglichkeitsgrund aller objektiven Erkenntnis. Sie hat nach Kant den Charakter einer *ursprünglichen* Synthesis.

Begriffliches Bestimmen von etwas im Denken, also Erkennen in seinem Grundakt, ist immer eine Synthesis: "Dies da (das in den Sinnen gegebene Mannigfaltige) ist ein Haus." Das Mannigfaltige wird also durch begriffliches Bestimmen in die Einheit und Identität des einen und selben Gegenstandes zusammengenommen. Aber alles Denken ist ein "Ich denke". Darum geht solcher Synthesis, damit sie auch nur möglich sein soll, noch eine andere Synthesis voraus, nicht im zeitlichen Nacheinander, sondern in Einheit mit ihr: die Synthesis des zu Synthetisierenden mit mir, dem denkenden Ich. Noch einmal gesagt: Denkendes Bestimmen des in der Anschauung gegebenen, aber noch unbestimmten Gegenstandes, also Erkennen in seinem Grundakt, ist Verbinden des gegebenen Mannigfaltigen (Synthesis) zur Einheit und Identität des Begriffs von diesem Gegenstand. Aber jedem Verbinden von etwas mit etwas geht ein Schon-verbunden-Haben des zu Verbindenden mit mir, dem denkenden Ich, voraus. Und dieses

Verbinden des untereinander zu Verbindenden vollzieht die Apperzeption selbst. Sie ist sowohl das Womit des Verbindens alles zu Verbindenden als auch das Verbindende selbst, dergestalt, daß sie das gegebene Mannigfaltige, in welchem uns der noch unbestimmte Gegenstand gegeben ist, mit ihr selbst einigt. Das heißt, daß sie dieses Mannigfaltige in die Einheit eines mit sich identischen Bewußtseins befaßt. So ist also die Apperzeption nicht nur durchgängige Einheit, sondern einigende Einheit. Und das heißt, daß sie in ihrem Wesen synthetisch ist. Anders gesagt: Alle Anschauungen, sofern in ihnen Gegenstände für eine mögliche Erkenntnis gegeben werden, stehen in einer *notwendigen* Beziehung zur bleibenden Einheit der Apperzeption, dergestalt, daß diese Beziehung den Charakter der Einigung dieses Mannigfaltigen mit der Apperzeption hat, welche Einigung die Apperzeption selber vollzieht. Und nun erfolgt der alles entscheidende Schritt. Um diesen vollziehen zu können, machen wir uns klar, worin die notwendige Beziehung des Mannigfaltigen der Anschauung, darin uns überhaupt erst Gegenstände in unbestimmter Weise gegeben werden, auf die Apperzeption besteht: darin, daß die Apperzeption dieses Mannigfaltige derart mit sich einigt, daß sie es in die Einheit und Identität aufnimmt, die sie selber ist.

Dadurch erhält das gegebene Mannigfaltige der Anschauung überhaupt erst den Bezug auf so etwas wie Identität und Einheit, erhält es überhaupt erst *gegenständlichen* Bezug. Sinnesanschauungen als solche geben das nicht her; denn sie geben sich als eine reine Mannigfaltigkeit, noch dazu in unaufhörlichem Wechsel. Erst durch die Aufnahme des Mannigfaltigen der Anschauung in die Einheit der Apperzeption erhält dieses Mannigfaltige den Grundzug von Gegenständlichkeit. Ganz scharf formuliert: Der synthetischen Einheit der Apperzeption ist es zu danken, daß es für uns Menschen überhaupt so etwas wie Sein gibt und nicht nur mannigfache Bewußtseinszustände in unaufhörlichem Wechsel, die lediglich nach Regeln der Assoziation miteinander verknüpft werden, dergestalt, daß sich nur ein subjektiver Vorstellungszusammenhang in uns ergibt, aber keine objektive Verknüpfung im Objekt. Die transzendentale Apperzeption ist also der Ursprung von Gegenständlichkeit überhaupt, weil nur durch den Bezug auf sie das Wechselnde und Mannigfaltige der Sinnesanschauungen gegenständlichen Bezug erhält, nämlich Bezug auf Identität, Einheit und Bleiben. *Transzendental* heißt diese synthetische Einheit der Apperzeption, weil aus ihr einsichtig wird, wie die Kategorien sich auf Gegenstände bestimmend in der Weise beziehen können, daß sie die Grundbestimmtheiten der Gegenständlichkeit der Gegenstände selbst ausmachen, und zwar der Gegenstände, die uns einzig und allein durch Sinnesanschauung *gegeben* werden können.

Nachdem wir eine Einsicht in dieses radikale Grundvermögen der transzendentalen Apperzeption als obersten Grund der Möglichkeit von Gegenständlichkeit gewonnen haben, kommt es nun noch darauf an zu zeigen, wie aus dieser Einsicht in das Wesen der synthetischen Apperzeption oder der apperzeptiven Synthesis verständlich wird, daß und weshalb die Kategorien mit Recht als Grundbestimmungen der Gegenstände beansprucht werden können, so daß nun alles menschliche Urteilen in das Recht seiner Wahrheit eingesetzt ist.

Alles Denken ist ein "Ich denke", d.h. ein durchgängiges Beziehen des Mannigfaltigen der Anschauung auf die bleibende Einheit und Identität des Selbstbewußtseins. Durch diese Beziehung erhält das in der Anschauung gegebene Mannigfaltige überhaupt erst einen gegenständlichen Bezug. Nun ist aber alles Denken von Gegenständen nicht nur ein "Ich denke", sondern ebenso sehr ein Denken in Kategorien. Mithin geschieht die Beziehung des Mannigfaltigen auf die Einheit der Apperzeption, also die Aufnahme des Mannigfaltigen in die Einheit und Identität des Bewußtseins, wesensnotwendig gemäß den Kategorien. Sie regeln die Grundverhältnisse, in welchen das gegebene Mannigfaltige zu stehen kommt, als da sind: die positive oder negative Qualifikation, das Grund-Folge-Verhältnis, das Verhältnis von Ding und Eigenschaften und das Verhältnis zur Möglichkeit, Wirklichkeit und Notwendigkeit.

Wenn aber die synthetische Einheit der Apperzeption die Gegenständlichkeit als solche erst bildet und wenn die Kategorien die Vollzugsweisen dieser Synthesis sind, dann machen eo ipso die Kategorien die Gegenständlichkeit der Gegenstände aus. Das ist der Grund, weshalb wir in jedem Urteil, das ja immer eine Gegenstandssetzung ist, die Kategorien als gegenständliche Bestimmtheiten der Gegenstände selbst in Anspruch nehmen dürfen.

Die Kategorien aber bilden ein System, ein geschlossenes, in sich zusammenhängendes Ganzes, welches das Wesen eines jeden Gegenstandes als eines solchen ausmacht: die Gegenständlichkeit selbst.

Das ist der Grundgedanke der transzendentalen Deduktion der reinen Verstandesbegriffe. Sie läuft über die synthetische Einheit der Apperzeption, die dem Mannigfaltigen der Anschauung, darin uns Gegenstände unbestimmt gegeben werden, allererst Gegenständlichkeit gibt: Einheit und Identität. Und da nun alles Denken von Gegenständen ein Denken in Kategorien ist, so vollzieht sich die apperzeptive Synthesis in den Kategorien, welche die verschiedenen in sich zusammenhängenden Weisen sind, denen gemäß das Mannigfaltige der Sinnesanschauung untereinander zur gegenständlichen Einheit und Identität verbunden wird.

Und so haben die reinen Verstandesbegriffe objektive Realität, nicht so, daß diese ihnen erst nachträglich durch Vorweisung empirischer Gegenstände nachgewiesen werden müßte, sondern so, daß sie selbst die Grundweisen sind, nach denen sich alles gegenständliche Beziehen von Perzeptionen vollzicht. Welches nun die Gegenstände *in concreto* sind, ob ein Haus, eine Tanne, ein Hund oder ein Mensch, das kann uns natürlich nur die jeweilige sinnliche Wahrnehmung sagen.

Die Kategorien als Vollzugsweisen der apperzeptiven Synthesis geben die Regeln vor, nach denen wir die Synthesis der Anschauung zu vollziehen haben, um sie auf Gegenstände zu beziehen, also um durch sie auf Gegenstände gerichtet sein zu können. Scharf formuliert: Die Kategorien sind die *modi essendi*, weil sie *modi cogitandi* sind, nämlich *modi* der apperzeptiven Synthesis, welche der Mannigfaltigkeit der Perzeptionen überhaupt und zuerst Einheit und Identität, also gegenständlichen Bezug gibt.

Abschließend können wir das Verhältnis von synthetischer Apperzeption und Kategorien so formulieren: Die Apperzeption verbindet das Mannigfaltige der Anschauung mit sich, indem sie es in die Einheit aufnimmt, die sie selber ist, und einigt so das Mannigfaltige miteinander. Die Kategorien als Vollzugsformen der Apperzeption sind die verschiedenen Arten der Verbindbarkeit des Mannigfaltigen zu gegenständlicher Einheit und Identität. Daraus folgt: Alle unsere Begriffe müssen, sofern sie sich auf Gegenstände, also auf Seiendes sollen beziehen können, d.h., sofern wir durch diese Begriffe etwas erkennen wollen, gemäß den Kategorien bestimmt sein; nur dann ist ihnen objektive Realität verbürgt. Der Ausdruck "objektive Realität" mag noch genauer erläutert werden.

"Realität", lat. *realitas*, kommt von lat. *res*, die Sache, und bedeutet in der philosophischen Sprache des 18. Jahrhunderts zumeist nicht Wirklichkeit, sondern Sachgehalt. Jeder Begriff, der Begriff von etwas ist, hat daher Realität, hat einen Sachgehalt. Aber es fragt sich, ob dieser in ihm gefaßte Sachgehalt auch der Sachgehalt eines Gegenstandes ist, d.h. ob dem Begriff auch gegenständliche oder, wie Kant sagt, objektive Realität eignet. Nur dann, wenn dem Begriff nicht nur Realität, sondern objektive Realität zukommt, kommt durch ihn Erkenntnis zustande. Nun ist klar: Ein Begriff hat nur dann objektive Realität, wenn er nach den Kategorien bestimmbar ist, weil sie ja die Gegenständlichkeit der Gegenstände selbst ausmachen. Anders ausgedrückt: Ein Begriff hat nur dann objektive Realität, wenn er unter die Kategorien als oberste Erkenntnisprinzipien subsumierbar ist.

Aber diese Kennzeichnung reicht noch nicht aus. Erkennen geschieht durch Bestimmen von Gegenständen gemäß den Kategorien. Dazu müssen uns die Gegenstände irgendwie gegeben sein, weil wir Gegenstände ja nicht allein durch das Denken zur Präsenz bringen können. Sie werden uns Menschen allein durch die Sinnesanschauung gegeben, denn die Sinne sind das Vermögen, Vorstellungen von Gegenständen zu empfangen, die wir gemäß den Kategorien in ihrem konkreten Wieviel, Wiebeschaffen, in ihren Relationen und ihren *modi* begrifflich bestimmen und so erkennen können. Daß wir durch das Denken allein keine Gegenstände zur Präsenz bringen können, gilt auch für die Kategorien, die Grundbegriffe des reinen Verstandes. Auch sie, obwohl sie Gegenstände als solche erst konstituieren, haben objektive Realität allein durch ihre Beziehung auf Sinnesanschauung. Sie sind nur Erkenntnisgründe, sofern sie die Gegenständlichkeit des in der Sinnesanschauung Gegebenen ausmachen. Losgelöst von diesem Bezug sind sie bloße Grundformen des Denkens, geben sie, da ihnen der Gegenstand fehlt, keine Erkenntnis. Das ist die kritische Restriktion der Anwendung der Kategorien auf Gegenstände möglicher Sinnesanschauung.

Nun sind wir zufolge dieses Exkurses, der uns in die "Kritik der reinen Vernunft" hineingeführt hat, imstande, den Gedanken von § 74 der "Kritik der Urteilskraft" selbständig mitzudenken. Kant unterscheidet hier zu Beginn das dogmatische und das kritische Verfahren mit Begriffen. Nehmen wir ein Beispiel für ein legitimes *dogmatisches Verfahren*, nämlich den Satz: Gold ist ein Edelmetall. Wir bestimmen hier den Begriff des Goldes durch einen anderen Begriff, unter welchem der Begriff des Goldes enthalten ist. Solches *Bestimmen* ist ein Urteilen. Das Urteilen ist eine Tätigkeit der *Urteilskraft*. Das dogmatische Verfahren ist also die Sache der *bestimmenden Urteilskraft*. Die Begriffe, die in diesem Urteil miteinander verknüpft werden, haben objektive Realität. Denn sie sind erstens gemäß den Kategorien bestimmt: durch die quantitative Kategorie der Allheit, durch die qualitative der Realität, durch die relationale Kategorie der Substanz und des Akzidenz, durch die modale Kategorie der Wirklichkeit. Zweitens ist der Gehalt dieses Begriffs in der Sinneswahrnehmung ausweisbar. Das ist ein ganz einfaches Beispiel für die bestimmende Urteilskraft, d.h. für eine legitime Seinssetzung oder ein legitimes dogmatisches Verfahren.

Nun gibt es aber auch noch eine andere Möglichkeit, mit einem Begriff umzugehen: das *kritische Verfahren*. Dabei beziehen wir den Begriff nicht auf den Gegenstand, um ihn im Was und Wie seines Seins zu bestimmen, sondern wir beziehen ihn auf unser Erkenntnisvermögen zurück und betrachten ihn daraufhin, wie wir ihn gemäß der Beschaffenheit unseres Erkenntnisvermögens denken müssen, ohne über den Gegenstand des Begriffes zu entscheiden. Auch in diesem Fall kommt die Urteilskraft zum Vollzug (denn der Gegenstand muß beurteilt werden), aber nicht als bestimmende, sondern, wie Kant sagt, als *reflektierende Urteilskraft*. Auch die reflektierende Urteilskraft bleibt auf den Gegenstand bezogen, aber sie bestimmt ihn nicht, sondern nur die Art und Weise, wie wir gemäß den subjektiven Bedingungen unserer Erkenntnis über den Gegenstand zu denken haben. Auch diese reflektierende Urteilskraft handelt nicht beliebig, sondern gesetzmäßig, sofern sie durch die Wesensbedingungen menschlicher Erkenntnis geregelt ist.

Nun sind wir imstande, die Frage zu stellen und auf eine erste Weise zur Entscheidung zu bringen: Wie steht es mit der objektiven Realität des Begriffs von einem Naturzweck, dem Erkenntnisprinzip der organischen Natur? Hier wird die Natur mittels dieses Begriffs unter den Begriff der Kausalität subsumiert, also unter eine Kategorie. Ferner ist das Objekt dieses Begriffes ein Gegenstand der Erfahrung. Also sieht es so aus, als sei der Begriff des Naturzwecks Sache eines legitimen dogmatischen Verfahrens der bestimmenden Urteilskraft, so daß wir behaupten können, bestimmte Naturprodukte seien nur als Naturzwecke möglich. Können wir so verfahren?

Der Begriff des Naturzwecks ist ein empirischer Begriff, der nur unter gewissen in der Erfahrung gegebenen Bedingungen *möglich* ist: Es müssen sich uns in der Wahrnehmung die organischen Produkte zeigen. Um die Gewißheit objektiver Realität zu erhalten, muß dieser Begriff aber durch ein Erkenntnisprinzip bestimmbar, d.h. unter es subsumierbar sein. Das wäre hier die Kategorie der Kausalität, freilich nicht die Kausalität nach dem reinen Verstandesbegriff, wonach alles, was geschieht, etwas voraussetzt, worauf es nach einer Regel, also mit Notwendigkeit folgt, sondern hier handelt es sich um eine besondere, um die finale Kausalität, die nur durch Vernunft denkbar ist. Nun unterscheidet sich der Mensch aber gerade dadurch von allen anderen Naturwesen, daß sein Wirken von der Art der Vernunftkausalität ist, sofern es sein Eigenes ausmacht, nach Zwecken zu wirken. Wie könnte aber jemals ein empirischer *Natur*begriff die Beglaubigung seiner objektiven Realität durch eine Kausalität erhalten, die nur durch *Vernunft* denkbar ist? Also kann bei dem Begriff des Naturzwecks seine objektive Realität nicht eingesehen werden. Daher ist er kein Begriff der bestimmenden Urteilskraft. Er ist kein konstitutiver, d.h. erkenntnisgründender, sondern nur ein für die reflektierende Urteilskraft regulativer Begriff, sofern er uns anweist, wie wir über organische Naturprodukte zu denken haben, um sie überhaupt als solche beobachten und erforschen zu können. Er wäre demnach ein *regulatives Prinzip der reflektierenden Urteilskraft*.

Das bedeutet aber auch: Es kann durch den Begriff des Naturzwecks nicht ausgemacht werden, ob für Dinge, als Naturzwecke betrachtet, eine finale Kausalität erforderlich ist oder nicht. Das heißt: Es kann überhaupt kein legitimer dogmatischer Gebrauch von diesem Begriff gemacht werden, weder in bejahender noch in verneinender Weise.

Mit dieser grundsätzlichen Feststellung wendet sich Kant dem Beweisziel dieses Paragraphen zu: der prinzipiellen Einsicht in die Unmöglichkeit einer dogmatischen Naturerklärung, sei sie realistisch, sei sie idealistisch. Ein Naturzweck ist durch ein Zweifaches bestimmt: durch die der Natur wesenseigenen Gesetze, die ihr deshalb notwendig sind, weil sie nur zufolge dieser Naturgesetze Natur sein kann, nämlich die Einheit eines erfahrungsgesetzlichen Zusammenhangs: Es sind die Grundsätze, deren Prädikate die Kategorien sind. Die Naturprodukte, die als Naturzwecke angesehen werden, sind also einmal durch die Naturnotwendigkeiten bestimmt. Aber da dies für die Form solcher Objekte als organischer Wesen nicht ausreicht, sind sie auch noch durch etwas anderes bestimmt. Sie sind nicht aus bloßer Naturnotwendigkeit. Sie sind zwar, aber sie könnten auch nicht sein, ohne daß deshalb Natur aufhörte zu bestehen. Was zwar ist, aber so, daß es auch nicht sein könnte, ist das *Zufällige* oder *Kontingente* (als ontologischer Begriff), der Korrelatbegriff zum Notwendigen. So verhält es sich mit den menschlichen Kunstprodukten. Ein Haus z.B. entsteht nicht schon durch bloße Naturgesetze; es ist deshalb nicht etwas Naturnotwendiges, sondern es ist, wenn es erbaut ist, etwas, das auch nicht sein könnte. Es ist etwas Zufälliges im Sinne der Kontingenz. Dennoch waltet in seiner Hervorbringung ebenfalls eine Gesetzlichkeit, die aus seinem Begriff hervorgeht. Deshalb kann man sagen: Die Produktion von Dingen, die als Zwecke existieren, erfolgt gemäß einer *Gesetzlichkeit des Zufälligen* als eines solchen. Jetzt geht es um Produkte, die Naturzwecke sind. Sie müßten also Naturnotwendigkeit und zugleich eine Zufälligkeit hinsichtlich ihrer Form (sofern sie organische Produkte sind) in sich befassen. Soll darin kein Widerspruch liegen, dann muß der Grund der Möglichkeit solcher Naturdinge nach zwei verschiedenen Hinsichten betrachtet werden: Einmal liegt die Ursache ihrer Produktion in der Natur selbst, sofern sie nach den ihr wesensnotwendigen Gesetzen wirkt. Sodann aber müßten sie, so wie die Kunstprodukte auf eine Vernunftkausalität bezogen sind, um ihrer besonderen Formen willen auf einen über die Natur hinaus liegenden, daher übersinnlichen Grund der Natur bezogen werden. Denn unsere menschliche Vernunftkausalität kann natürlich nicht die Ursache der Form solcher Naturprodukte sein. Aber ein übersinnlicher Grund der Natur ist für uns unerkennbar, wenn anders doch alle erkenntnisgründenden Prinzipien auf Gegenstände der Sinnesanschauung, also auf Naturgegenstände bezogen bleiben.

Der *Begriff eines übersinnlichen Grundes der Natur* ist ein transzendenter Begriff, d.h. ein Begriff, der, weil ihm in der Anschauung kein Objekt entspricht, den Bereich möglicher Erkenntnis übersteigt. Er ist als Begriff möglich, denn er enthält keinen logischen Widerspruch. Aber er ist ein *problematischer* Begriff, d.h., er bleibt offen für Sein und Nicht-sein des in ihm Gedachten. Also kann auch durch ihn objektiv durch Bejahung oder Verneinung nichts entschieden werden. Ist aber der Begriff einer übersinnlichen Kausalität in Ansehung organischer

Naturform problematisch, dann ergeben auch die ihm hinzugefügten Prädikate bloß problematische Sätze. Also sind die realistischen sowohl wie die idealistischen Grundsätze bloß problematische, also nach Ja und Nein unentscheidbare Sätze.

Halten wir fest: Der Begriff der Kausalität hat objektive Realität: 1. als finale Kausalität für Kunstprodukte, 2. als effiziente Kausalität für den Bereich der Natur. Dagegen kann der Begriff einer Finalkausalität der Natur und seiner Gründung in einem übersinnlichen Grund der Natur zwar ohne Widerspruch gedacht werden, so daß er als Begriff möglich ist. Aber er ist weder ein Erfahrungsbegriff noch ein (wie die effiziente Kausalität) die Möglichkeit der Erfahrung konstituierender Begriff. Dennoch ist der finale Kausalität implizierende Begriff des Naturzwecks unentbehrlich, damit wir uns die Möglichkeit organischer Naturprodukte überhaupt denken können. Welchen Wesens und von welcher Herkunft ist er dann aber? Diese Frage bekommt nun ihre äußerste Dringlichkeit. Von ihrer Lösung hängt die Einsicht in den Grund der Möglichkeit einer Wissenschaft von der organisch-lebendigen Natur ab.

An dieser Stelle tritt auch das Unzulängliche einer *theistischen* Erklärungsweise der organischen Produkte der Natur hervor. Gesetzt, es wäre möglich, dem Begriff eines nach der Finalkausalität wirkenden Grundes der Natur die objektive Realität zu verschaffen, dann wären die Naturprodukte Produkte einer göttlichen Kunst (*τέχνη*). Aber wären sie dann noch Naturprodukte? Offenbar nicht. Denn durch solche Erklärung würde die Natur für unfähig angesehen, organische Produkte nach den Gesetzen ihres eigenen Wirkens, also *von sich her* hervorzubringen. Sie wären Kunstprodukte einer übermenschlichen, unbegreiflichen, eben göttlichen Kunst, also nicht mehr Produkte der *Natur*. Das naturhafte Wesen wäre ihnen durch eine solche Erklärungsweise, gesetzt sie wäre möglich, genommen.

Wenn die dogmatische Erklärungsweise der organisch-lebendigen Natur (denn was für die organischen Produkte gilt, das gilt in noch höherem Maße für die Lebewesen) nicht nur faktisch das nicht leistet, was sie zu leisten vorgibt, sondern der Möglichkeit nach dazu nicht imstande ist, wenn andererseits die Naturerkenntnis den Begriff des Naturzwecks braucht, damit organische Produkte überhaupt als solche in den Blick kommen können, dann muß auf die Frage eine Antwort gegeben werden, von welcher Wesensart der Begriff eines Naturzwecks ist. Kant legt in § 75 die Antwort vor, eine Antwort, die wiederum Fragen veranlaßt, die nur durch Entfaltung einer transzendentalen Metaphysik ihre Beantwortung finden können.

Kant macht auf den Unterschied zweier Thesen aufmerksam, auf den bereits hingewiesen worden war, den es aber nunmehr endgültig zu präzisieren gilt. Ich kann einmal sagen: Die Erzeugung bestimmter Naturdinge ist nur durch eine Ursache von finaler Kausalität möglich. Ich kann aber auch sagen: Gemäß der Beschaffenheit des menschlichen Erkenntnisvermögens kann ich mir die Möglichkeit jener Naturprodukte nicht anders denken als so, daß ich zu der effizienten Kausalität noch das Wirken einer Ursache mit finaler Kausalität hinzudenke (also in Analogie zur menschlichen Vernunftkausalität), die zum naturhaften Wirken nach Wesensgesetzen der Natur hinzutritt, so daß zweckbestimmte Kunstgebilde zustande kommen.

Der Unterschied beider Thesen liegt klar zutage: Die erste These will etwas darüber ausmachen, was und wodurch diese Naturdinge sind, was und wie sie sind. Wer sie vertritt, ist gehalten, dem Begriff, durch welchen er die Naturgegenstände bestimmt, seine objektive Realität zu verschaffen. Im zweiten Fall dagegen wird nur der Gebrauch der menschlichen Erkenntnisvermögen in Hinsicht auf ihre Eigentümlichkeit, ihre Bedingungen, ihren Umfang und ihre Grenzen hin bestimmt. Es ist die Vernunft selbst, welche durch methodische Selbsterkenntnis den Gebrauch der Erkenntnisvermögen, aufgrund der Erkenntnis ihrer Eigenart, ihrer Bedingungen, ihres Umfangs und ihrer Grenzen festlegt. Dadurch werden die menschlichen Erkenntnisvermögen in das Recht ihrer Grenzen eingesetzt. Und das ist das philosophische Verfahren Kants überhaupt: Ausmessung des Umfangs und Bestimmung der Grenze der menschlichen Erkenntnisvermögen aus der Einsicht in ihre Wesensbedingungen durch die Vernunft selbst. Es ist das von Kant überall geübte *kritische* Verfahren, die Methode seines philosophischen Denkens. So werden in der K.d.r.V. die Stammbegriffe des reinen Verstandes, die Kategorien, in das Recht ihres Gebrauchs eingesetzt, aber so, daß ihr Anwendungsbereich eingegrenzt wird auf die Gegenstände möglicher Erfahrung, also auf Sinnesgegenstände, d.h. auf den Bereich der Natur, und d.h. auf alles, was auf der Natur als Basis aufbaut.

Hier handelt es sich um Art und Grenze des Gebrauchsrechtes des Begriffs des Naturzwecks. Es ist dahingehend zu bestimmen, daß wir uns gemäß der Eigentümlichkeit unseres Erkenntnisvermögens gewisse

Naturerzeugnisse nicht anders denken können als durch den Gedanken einer nach Zwecken wirkenden Ursache. Im ersten Fall ist der Begriff des Naturzwecks Prinzip für die bestimmende, im zweiten Fall ein Grundsatz für die reflektierende Urteilskraft.

Machen wir uns das so gründlich wie möglich klar: Die erste These ist als unmöglich erwiesen. Dagegen ist der Begriff des Naturzwecks als Prinzip für die reflektierende Urteilskraft unentbehrlich, wenn wir in der Natur ihre organischen Produkte durch Beobachtung erforschen wollen. Denn wir brauchen für ihre Erforschung einen Begriff von ihnen als Leitfaden (wie das in allem wissenschaftlichen Erforschen notwendig ist). Machen wir uns die Unentbehrlichkeit des Begriffs eines Naturzwecks als Leitfaden der Forschung noch einmal klar.

Ein Organismus ist von der Art, daß die Teile sich dadurch zu einem einigen Ganzen verbinden, daß sie einander wechselseitig sowohl Ursache als auch Wirkung sind, also einander wechselseitig hervorbringende und erhaltende Organe. Die Erzeugung eines solchen Gebildes können wir uns aber nur so denken, daß die Idee des Ganzen die Teile hinsichtlich der Art ihres Wirkens und ihrer Verbindung zur Einheit des Ganzen bestimmt. Das aber ist der Begriff eines Naturzwecks, der den unentbehrlichen Leitfaden für die Nachforschung durch methodische Beobachtung der organischen Produkte abgibt. Er ist also zwar kein konstitutives Prinzip der bestimmenden, aber ein notwendiges *regulatives* Prinzip der *reflektierenden* Urteilskraft.

Nun besteht die Gefahr einer unzulässigen Erweiterung dieses regulativen Prinzips, die zu metaphysischen Irrtümern führen kann. Wenn der Begriff des Naturzwecks dergestalt einen notwendigen Leitfaden für die Erforschung organischer Produkte abgibt, dann legt es sich nahe, es mit diesem Leitfaden auch in anderen Naturbereichen, ja sogar im Ganzen der Natur zu versuchen, um so vielleicht verborgene Naturgesetzlichkeiten aufzudecken, die uns ohne den Leitfaden verborgen bleiben würden. Nach Kant ist gegen solche Versuche nichts einzuwenden, solange es bei einer bloß subjektiven Forschungsmaxime bleibt. Wohl aber ist auf einen grundsätzlichen Unterschied hinzuweisen. Der Begriff des Naturzwecks ist ein im Hinblick auf die organisierten Naturwesen *unentbehrlicher* Begriff. Was dagegen die Natur im ganzen betrifft, so kann man sie zu Forschungszwecken ebenfalls in diese Hinsicht stellen, um zu sehen, ob man mit ihr vielleicht besser vorankommt als mit den bloß kausal-effizienten Methoden allein. Aber eine *Notwendigkeit* besteht hier nicht. Denn die organischen Produkte sind uns in der Erfahrung gegeben, aber die Natur im ganzen begegnet uns nicht als organisiert. Deshalb besteht auch keine Notwendigkeit, im Blick auf das Naturganze den Begriff des Naturzwecks mit finaler Kausalität als dessen Implikat anzuwenden.

Nun scheint aber - und damit beginnt die metaphysische Verstrickung zum Vorschein zu kommen - der Begriff eines Seienden, dessen Sein oder Wesensverfassung (Form) nur als Zweck zu denken ist, sogar die Basis abzugeben für den Überschritt von der Natur zum Übersinnlichen oder vom Physischen zum Metaphysischen, und zwar auf folgende Weise: Wie wir gesehen haben, ist mit dem Begriff eines Naturzwecks der ontologische Begriff der Kontingenz, der *Zufälligkeit*, wesensnotwendig verbunden. Zufällig ist das, was zwar ist, aber nicht zu sein braucht. Dieser Charakter eignet den organischen Produkten ihrer organischen Verfassung nach. Denn sie lassen sich nicht aus der bloß effizienten Kausalität, die ein Wesensgesetz der Natur als solcher ist, herleiten, dergestalt, daß ohne sie Natur nicht Natur wäre. So verstanden sind die organischen Wesen nicht wesensnotwendige Naturprodukte; sie haben also den ontologischen Status der Zufälligkeit. Nun muß es aber doch für alles, was zwar ist, aber auch nicht sein könnte, einen Grund geben, durch den es ist und so ist, wie es ist. Der vorzügliche Bereich der Natur, dessen Gegenstände nur als Naturzwecke als möglich gedacht werden können, gilt daher nicht nur für den natürlichen Menschenverstand, sondern auch für manche Philosophen als Grund für die Annahme der ontologischen Zufälligkeit des Weltganzen überhaupt, daher seines Gegründetseins in einem überweltlichen Wesen als seinem Grund, das um der Zweckmäßigkeit der Form der organischen Weltwesen willen den Charakter einer durch Verstand geleiteten Kausalität, also einer verständigen Weltursache hätte, also das Göttliche wäre. Und so fände die Naturteleologie ihre natürliche Vollendung in einer metaphysischen Theologie.

Die Frage ist, ob solcher Überschritt vom Physischen ins Metaphysische berechtigt ist. Der diesen Beweis tragende Satz lautet: Bestimmte Naturprodukte sind nur durch absichtlich wirkende Ursachen möglich. Das ist der Satz, der das Fundament für diesen ganzen Versuch abgibt, auf der Basis der Naturteleologie eine metaphysische Theologie zu errichten, eine Onto-Theologie, wie wir auch sagen können.

1. Soll dieser Satz selbst tragfähig sein, dann muß die Idee des Naturzwecks als objektiv notwendig, und d.h. für alle Art von erkennenden Wesen notwendig, angesetzt werden. Aber ein Naturzweck ist kein Gegenstand der Beobachtung. Denn wenn wir uns nur an das halten, was uns die Wahrnehmung darbietet, dann zeigt sich uns in der Wahrnehmung ein Ganzes, dessen Teile einander wechselseitig hervorbringen und erhalten. Und nur, um uns verständlich zu machen, wie solche Gebilde möglich sind, denken wir uns, daß die Idee des Ganzen das Wirken und die Verbindung der Teile zum Ganzen bestimmt, d.h. wir denken es uns als Natur*zweck*. Organische Produkte als *Naturzwecke* sind also, genau genommen, nicht als Objekte in der Wahrnehmung gegeben, sondern wir denken uns den Zweckbegriff als Leitfaden für die Erforschung hinzu. Also ist die objektive Realität dieses Begriffs für die bestimmende Urteilskraft empirisch nicht ausweisbar.

Aber 2. läßt er sich auch nicht als eine Wesensbedingung der Gegenstände möglicher Erkenntnis, also einer möglichen Gegenstandserkenntnis ausweisen, wie das bei den Kategorien, also auch bei der Kategorie der effizienten Kausalität der Fall ist. Denn das sind die beiden Weisen, wie einem Begriff die objektive Realität oder die objektive Gültigkeit, wie Kant auch sagt, erbracht werden kann: durch Vorführung des Gegenstandes, auf den der Begriff sich bezieht, in der Wahrnehmung, oder durch transzendentale Deduktion, d.h. durch den Nachweis, daß ein Begriff ein den Gegenstand konstituierender und so ein Erkenntnis allererst gründender Begriff ist (wie die Kategorien). Beides trifft auf den Begriff des Naturzwecks nicht zu. Der Satz: Organische Produkte sind nur als Naturzwecke möglich, ist also nur ein die reflektierende Urteilskraft regelnder Satz, der uns anweist, wie wir uns gemäß unserem Erkenntnisvermögen die Möglichkeit organischer Naturprodukte allein vorstellen können, mehr nicht. Wollen wir nun aus diesem Satz einen Schluß auf eine nach finaler Kausalität wirkende, also verständige Weltursache ziehen, so kann er nicht lauten: Es existiert eine solche verständige Weltursache, also etwas Göttliches, sondern nur: Der Gedanke der Zweckmäßigkeit, den wir als Leitfaden für die Erforschung der lebendigen Natur zugrunde legen, impliziert den weiteren Gedanken von der Welt als Produkt einer verständigen Weltursache, - das aber nur *quoad nos*, nur in Hinsicht auf die Beschaffenheit unserer Erkenntnis und gemäß ihrer Eigenart. Mehr leistet die Naturteleologie für eine metaphysische Theologie nicht, und mehr kann sie auch nicht leisten. Der bekannte Spruch, daß jedes Kräutlein den Herrn lobe, ist nichts weiter als eine sicherlich gut gemeinte theologische Rhetorik.

So läßt sich also dem Begriff des Naturzwecks die objektive Realität nicht erbringen, und deshalb kann er auch kein Fundament für die Gründung einer metaphysischen Theologie abgeben. Dagegen steht fest und bleibt gültig, daß wir nach physikalisch-chemischen Gesetzen allein die organischen Produkte nicht einmal zureichend kennenlernen, geschweige denn erklären können. Aber auch umgekehrt steht fest: Wir können nicht behaupten, daß im Prinzip des Naturgesetzes ein hinreichender Grund der Möglichkeit organischer Produkte ohne finale Kausalität nicht beschlossen läge. Denn woher wollen wir das wissen? Wir denken ja von uns auch die finale Kausalität hinzu, um uns gemäß unseren Erkenntnismöglichkeiten einen Begriff von einem organischen Produkt machen zu können.

Somit steht fest: Der Begriff des Naturzwecks ist ein regulatives Prinzip der reflektierenden Urteilskraft, und zwar ein gemäß der Beschaffenheit der menschlichen Erkenntnisvermögen notwendiges Prinzip. Aber dieser Notwendigkeitscharakter bedarf zu seinem Begreifen seinerseits der Einsicht in seinen Grund. Dieser liegt in der Beschaffenheit der menschlichen Erkenntnisvermögen. Also verlangt die volle Klärung des Begriffs des Naturzwecks einen Einblick in die Wesensverfassung der menschlichen Erkenntnis, und da der Mensch innerhalb der Welt das erkennende Wesen ist, in das Wesen des Menschen selbst. Deshalb unternimmt Kant im § 76 den Versuch einer Enthüllung der Wesensverfassung der menschlichen Erkenntnis.

4. Die Wesensverfassung der menschlichen Erkenntnis (zu K.d.U., §§ 76-78)

Erkenntnis besteht, allgemein gesagt, im Erfassen eines Sachverhaltes aus seinen Gründen. Diese Gründe können ihrerseits durch andere Gründe bestimmt und so begründet sein. Das Erkenntnisvermögen überhaupt, Vernunft genannt (*ratio*), blickt daher immer schon auf die ersten, selbst unbegründbaren, weil allererst Grund gebenden und so Begründungen erst ermöglichenden Gründe hinaus, Prinzipien im strengsten Sinne. In Kants Sprache heißen diese ersten und letzten Gründe auch das Unbedingte. Deshalb bedeutet bei Kant der Name Vernunft etwas Zweifaches: einmal das Vermögen des Erkennens überhaupt, sodann in einem engeren Sinne das Vermögen der Prinzipien oder des Unbedingten. Die Begriffe des Unbedingten heißen Ideen. Deshalb ist die Vernunft auch das Vermögen der Ideen.

Nun erkennen wir etwas dadurch, daß wir es durch einen Begriff bestimmen. Solches begriffliche Bestimmen ist Sache des Verstandes. Begriffe aber sind nur dann zur Erkenntnis tauglich, wenn ihnen die objektive Realität gesichert ist. Das ist bei den empirischen, aus der Erfahrung nachträglich erst entnommenen Begriffen der Fall und auch bei den dem Verstand selbst entspringenden reinen Verstandesbegriffen, den Kategorien, jedoch nur, sofern sie auf Sinnesanschauungen bezogen werden, in denen sich uns Gegenstände allein zeigen. Sinnesgegenstände sind aber jederzeit etwas Bedingtes. Denn sie stehen in zeitlichen Folgeverhältnissen nach dem Kausalitätsgesetz, demgemäß alles, was geschieht, etwas voraussetzt, worauf es nach einer Regel folgt. Also kann der Verstand mit den Ideen der Vernunft, mit den Begriffen des Unbedingten, überhaupt nicht Schritt halten, so daß diesen die objektive Realität nicht erbracht werden kann. Der Verstand bezieht daher die Ideen nicht auf Gegenstände, sondern auf das erkennende Subjekt zurück, dergestalt, daß wir gemäß dem Begriff, den wir uns von uns selbst als einem endlich-vernünftigen Wesen machen, so und nicht anders denken können und denken müssen, ohne zu behaupten, daß der Grund für solches Denken im Gegenstand selbst liegt. Der Grund, daß wir so und nicht anders denken können, liegt in der Wesensverfassung einer endlich-menschlichen Vernunft, die wir durch philosophische Selbsterkenntnis allein erfassen können. Das heißt, wir können uns als die menschlich endlichen Vernunftwesen, die wir sind, also als die erkennenden Wesen, nur durch philosophische Selbsterkenntnis erfassen. Und das heißt wiederum: Wesentliche Selbsterkenntnis des Menschen ist philosophisch und nicht psychologisch und erst recht nicht soziologisch. Das muß auch einmal gesagt werden, weil die Philosophie oft überschätzt worden ist in dem, was sie vermag; aber heute wird sie erheblich unterschätzt. Wir bilden uns also einen Begriff von uns selbst als endlich-vernünftiger Wesen. Und das ist allein möglich mittels eines philosophischen Begriffs, durch philosophische Selbsterkenntnis.

Man kann Kants Philosophie geradezu als den Versuch einer transzendentalen Selbsterkenntnis des menschlich-endlichen Vernunftwesens kennzeichnen. Diese Kennzeichnung macht den wesentlichen Unterschied Kants von den Intentionen seiner großen Nachfolger deutlich, die gerade dahin gingen, diese Endlichkeit des Menschen in den unendlichen Geist als dessen Moment aufzuheben. Niemals hätte daher die "Wissenschaftslehre" Fichtes, der sich als legitimen Nachfolger und Vollstrecker der kantischen Philosophie erklärt hatte, Kants Zustimmung finden können, von Schelling und Hegel vollends zu schweigen.

Die philosophische Selbsterkenntnis also versucht Kant zu vollbringen, und zwar so, daß er die Wesensverfassung des endlichen Vernunftwesens, das wir sind, nach zwei Grundhinsichten bestimmt: einmal hinsichtlich der theoretisch erkennenden und sodann hinsichtlich der praktischen Vernunft.

Erkennen heißt: eine Sache in dem erfassen, was und wie sie ist. Und wir erfassen dann ihr Was und Wie, wenn wir das erblickt haben, wodurch sie ist, was und wie sie ist. Erkennen heißt demnach Erfassen des Wodurch, des Was und Wie des *Seins* einer Sache. Nun tritt das Sein - seit Aristoteles entschieden - in der Zweifachheit von Möglichkeit und Wirklichkeit auf. Über deren Bedeutung gibt Kant in dem Abschnitt der K.d.r.V., welcher die Überschrift trägt "Von den Postulaten des empirischen Denkens", den transzendental-philosophischen Bescheid. Offen bleibt aber in der K.d.r.V. die Frage, wie das Sein in den Unterschied von Möglichkeit und Wirklichkeit gelangt, also die Frage nach der *Herkunft* dieser das Sein betreffenden, daher ontologischen Unterscheidung. Die Erörterung dieser Frage hat Kant erst in der Spätzeit seiner Philosophie übernommen und das Ergebnis in dem § 76 der K.d.U. niedergelegt. Hier zeigt sich - und das ist die außerordentliche Entdeckung, die dann durch den deutschen Idealismus wieder verschüttet worden ist -, daß diese ontologische Grundunterscheidung des Seins nach Möglichkeit und Wirklichkeit aus der menschlich-endlichen Verfassung der Vernunft entspringt.

Zur Ausübung unseres Erkenntnisvermögens sind zwei heterogene Stücke erforderlich: der Verstand für den bestimmenden Begriff und die Sinnesanschauung für das Gegebensein eines durch den Begriff zu bestimmenden Gegenstandes. Nun erklärt Kant: Bestünde unsere Erkenntnis nicht aus diesen zwei heterogenen Stücken, dergestalt, daß der Verstand selbst durch sich allein den Gegenstand anzuschauen und so von sich her zur Präsenz zu bringen vermöchte, dann entfiele auch der Unterschied von Möglichkeit und Wirklichkeit, er hätte nur das Wirkliche als Gegenstand. Inwiefern ist das so? Was bedeutet Möglichsein? Worin besteht das Wesen des Möglichen als eines solchen? Und worin besteht im Unterschied zum Möglichen das Wirkliche als solches?

Möglichkeit besagt: Setzung eines Gegenstandes der Vorstellung in Beziehung auf das eine Element der Erkenntnis, auf den Begriff oder das Vermögen des Denkens, den Verstand. Im Begriff ist das präsent, was eine Sache als diese bestimmte sein kann, dergestalt, daß der Begriff den Kategorien gemäß sein muß, durch welche ausgemacht ist, was ein Gegenstand überhaupt als solcher ist.

Sein im Sinne von *Wirklichkeit* heißt: Setzung eines im Begriff vorgestellten Gegenstandes auch außer diesem Begriff. Damit der im Begriff vorgestellte Gegenstand auch außer dem Begriff präsent ist, muß zu dem Begriff etwas hinzutreten. Und das ist eben die sinnliche Anschauung des Gegenstandes, durch die der im Begriff präsente Gegenstand als auch außer dem Begriff präsent gesetzt wird. Wirklichkeit, Dasein, Existenz besteht demnach in der Beziehung eines im Begriff vorgestellten Gegenstandes auf unser Anschauungsvermögen, darin der Gegenstand sich zeigt als auch außerhalb des Begriffs anwesend, und d.h. als wirklich existierend.

Und nun zeigt sich deutlich: Für einen anschauenden Verstand, dem durch das Denken selbst der Gegenstand anwesend wäre, entfiele der Unterschied zwischen dem Begriff, welcher den Gegenstand nur seiner Möglichkeit nach vorstellt, und der sinnlichen Anschauung, in welcher der Gegenstand als daseiend, als wirklich, als existierend sich gibt. Da dem anschauenden Verstand durch das Denken das Seiende auch schon gegeben wäre, brauchte er das Gegebene nicht erst durch den Begriff zu bestimmen, um es so zur Erkenntnis zu bringen, sondern es wäre, durch das Denken selbst gegeben, auch schon bestimmt. Gegebensein und Bestimmtsein wären ein und dasselbe. Möglichkeit und Wirklichkeit würden hier nicht auseinanderfallen. Zufolge der Zweifachheit unserer Erkenntniselemente können wir eine Sache im Begriff nur präsent haben, ohne daß sie uns in der Sinnesanschauung gegeben ist; und dann ist sie für uns bloß möglich. Wenn dagegen dem Begriff des Gegenstandes die korrespondierende Anschauung beigebracht werden kann, dann erweist sich der Gegenstand als wirklich.

Also stehen die Dinge nur im Hinblick auf ihre Erkennbarkeit durch uns im Unterschied von Möglichkeit und Wirklichkeit: Wir können etwas im Begriff präsent haben, obgleich es nicht wirklich ist, d.h. sich in der Sinnesanschauung nicht nachweisen läßt. Und es kann uns etwas in der Anschauung vorliegen, ohne daß wir schon den bestimmenden Begriff von ihm haben. Solche Sätze wie "Dinge können bloß möglich sein, ohne wirklich zu sein" oder "Aus der bloßen Möglichkeit eines Dinges kann nicht auf seine Wirklichkeit geschlossen werden" gelten von den Dingen in Beziehung auf die Beschaffenheit unseres Erkenntnisvermögens, aber nicht in jeder Hinsicht, nicht also für die Dinge, wie sie an sich und von sich her sind. Anders gesagt: Die Art der durch die Wesensbeschaffenheit unserer Vernunft bestimmten Beziehung des Seienden auf uns gehört zum Seienden selbst, sofern es Gegenstand der Erkenntnis durch menschliche Vernunft ist. Als Gegenstand menschlicher Vernunft steht das Seiende in der ontologischen Unterscheidung von Möglichkeit und Wirklichkeit, ohne daß dieser Unterschied in dem Seienden liegt, wie es an ihm selbst ist.

Daß es sich so verhält, bekundet die menschliche Vernunft durch sich selbst. Es ist eine notwendige Vorstellung der Vernunft, also eine Idee, daß etwas mit absoluter Notwendigkeit existiert, in welchem also Möglichkeit und Wirklichkeit nicht zu unterscheiden sind. Denn, wenn bei allem und jedem die Möglichkeit der Wirklichkeit vorausginge, dann ginge die Möglichkeit der Wirklichkeit prinzipiell voraus, und dann bliebe unbegreiflich, daß überhaupt etwas *wirklich* ist, daß nicht alles im Status der bloßen Möglichkeit ist. Weil aber in diesem absolut Notwendigen Möglichkeit und Wirklichkeit überhaupt nicht zu unterscheiden sind, hat unser Verstand keinen Begriff, durch welchen er die Art bestimmen könnte, dergemäß dieses absolut Notwendige existiert. Denn wenn der Verstand es zu denken versucht, ist es eben als ein bloß Mögliches vorgestellt; als wirklich ist ihm etwas nur in der Sinnesanschauung gegeben, die aber jederzeit etwas Bedingtes ist. In der durch Sinnesanschauung vermittelten Erfahrung wird niemals etwas mit unbedingter Notwendigkeit Existierendes angetroffen.

Zwar stehen die Gegenstände der Erfahrung unter Gesetzen, die immer den Begriff der Notwendigkeit bei sich führen. Aber diese Notwendigkeit betrifft niemals die Existenz eines Gegenstandes, sondern die Beziehung zwischen dem einen und dem anderen, dergestalt, daß, wenn das eine eingesetzt ist (Ursache genannt), auch das andere eintritt

(Wirkung genannt). Also haben wir es immer nur mit einer hypothetischen Notwendigkeit zu tun. Es gibt im Bereich der Erfahrung keinen Gegenstand, der mit absoluter Notwendigkeit existiert.

Also ist der Begriff des absolut notwendig Seienden zwar eine notwendig von der Vernunft gebildete Idee (damit wir überhaupt begreifen können, daß etwas wirklich ist und nicht alles nur im Status der Möglichkeit verharrt); aber diese Idee ist für den Verstand unerreichbar und bleibt deshalb ein *problematischer Begriff*, eben weil der Verstand sich in der Unterscheidung von Möglichkeit und Wirklichkeit bewegt. Gerade an dem vergeblichen Versuch, diese Vernunftidee zu bestimmen, leuchtet ein, daß diese Unterscheidung ihre Herkunft aus der spezifischen Eigenart unseres Verstandes hat. Unserem Verstand ist es eigen, daß er sich die Gegenstände für das denkende Bestimmen, also für das Erkennen, aus der Sinnesanschauung geben lassen muß, auf die er daher angewiesen ist. Und so bewegt er sich wesensnotwendig im Unterschied von Möglichkeit und Wirklichkeit. Bei einem Verstand, dem durch das *Denken* die Gegenstände gegeben wären, entfiele der Unterschied von Möglichkeit und Wirklichkeit. Für ihn würde es auch den Unterschied in der *Erkenntnis* der Dinge nach Möglichkeit und Wirklichkeit nicht geben, sondern für ihn würde gelten: Alle Dinge, die ich erkenne, *sind*, d.h. existieren *eo ipso*, sind wirklich. Und damit würde auch der Unterschied von Zufälligkeit (Sein von Dingen, die auch nicht sein können) und Notwendigkeit (Sein von Dingen, die nicht nicht sein können) entfallen. Das heißt: Die Idee des absolut notwendig Existierenden überschreitet die Kategorien, die konstitutiven Prinzipien unserer Erkenntis.

Hier wird nun eine eigentümliche Spannung in der menschlichen Erkenntnis sichtbar: Die Vernunft stellt in der Idee das aus absoluter Notwendigkeit Seiende als obersten Grund des Seins von Seiendem überhaupt vor. Aber der Verstand, das eigentliche Erkenntnisvermögen in uns (sofern Erkennen im begrifflichen Bestimmen von gegebenen Gegenständen besteht) kann einen bestimmenden Begriff für diese Idee nicht beibringen, weil er sich gemäß dem aus sinnlicher Anschauung und Denken gefügten Wesensbau menschlicher Erkenntnis immer in der Unterscheidung von Möglichkeit und Wirklichkeit bewegt. Er vermag die Seinsweise eines solchen Seienden nicht zu bestimmen. Die Vernunftidee ist für den Verstand "überschwenglich", sie überschwingt die Wesensbedingungen seines Denkens. "Überschwenglich" ist ein anderer Ausdruck für "transzendent" und besagt: für das denkende Bestimmen des Verstandes, also für die Erkenntnis unerreichbar. Nach der K.d.r.V. sind transzendente Begriffe solche, denen keine ihnen korrespondierende Sinnesanschauung verschafft werden kann, durch welche sie objektiv belegt werden könnten. In dem § 76 der K.d.U. hat Kant den transzendenten Charakter der Vernunftideen tiefer erfaßt und begründet: Sie überschwingen die Möglichkeit des Verstandes, sie zu bestimmen. Deshalb nennt er sie überschwenglich. Aber sie sind von der Vernunft wesensnotwendig gebildete Begriffe, die zwar den Gegenstand, auf den sie sich beziehen, nicht zu bestimmen vermögen - denn der Verstand verfügt nicht über einen dazu tauglichen Begriff -, aber sie regeln die Art und Weise, wie der erste Seinsgrund alles Seienden zu denken ist. Was das bedeutet, das wird erst im weiteren Fortgang der Betrachtung einsichtig werden.

Nun gilt es, einen Wesenseinblick in die praktische, das Wirken und Wollen bestimmende Vernunft zu gewinnen. Da zeigt sich: So wie die Vernunft im theoretischen Verhalten die Idee eines aus absoluter Notwendigkeit existierenden Seienden bildet, so setzt sie auch als praktische Vernunft etwas Unbedingtes an, nämlich eine ihr eigene, unbedinge Kausalität, d.h. die *Freiheit*. Kausalität aus Freiheit bezieht sich nicht auf den Grund des Seins alles Seienden, sondern ist ein Prinzip des Wirkens innerhalb des Seienden, innerhalb der Welt. Freiheit, allgemein ontologisch-transzendental gedacht, besagt: ganz von sich her eine Reihe von Begebenheiten anfangen können, also Selbstanfang im Handeln, im Wirken. Nun kann ein solcher Selbstanfang innerhalb der Gegenstände möglicher Erfahrung, also in der Natur nicht angetroffen werden. Denn hier steht jedes Geschehen, also auch jedes Wirken, unter dem Gesetz, daß es nur zufolge vorausgehender Bedingungen, mithin niemals ganz von sich her, niemals unbedingt erfolgt. Insofern ist die Idee der Freiheit ein transzendenter Begriff. Aber die praktische Vernunft, d.h. die Vernunft, die unser Handeln leitet, setzt sich selbst eine ihr eigene unbedingte Kausalität voraus, also die Freiheit. Inwiefern? Insofern sie sich des Sittengesetzes als eines ihr eigenen Gesetzes bewußt ist. Hier tritt wieder ein ganz neuer Gedankengang ans Licht, eine ganz neue Bestimmung des Wesens des Menschen, demgemäß das Wesen des Menschen die Freiheit ist. Inwiefern verhält es sich so?

Der Mensch ist ein Wesen, das von Natur von Bedürfnissen, Affekten, Interessen, Leidenschaften mannigfacher Art affiziert ist - heute übrigens zumeist von einem brutal-egoistischen Erfolgs-, Glücks- und Sicherheitsstreben. Nun sind wir uns aber auch des Sittengesetzes bewußt, das uns Handlungen von unbedingter Verbindlichkeit vorschreibt, die sogenannten sittlichen Pflichten. Kant gebraucht das Wort "Pflicht" als Übersetzungswort des lateinischen *officium*, welches besagt: was uns einfachhin zu tun obliegt. Kant hat das Prinzip der Sittlichkeit in der K.d.p.V. auf die Formel gebracht: "Handle so, daß die Maxime deines Willens jederzeit zugleich als Prinzip einer allgemeinen Gesetzgebung gelten könne."[11] Kant tritt hier nicht als moralischer Gesetzgeber auf, sondern er faßt aufgrund einer Analyse der praktischen Vernunft das in eine Formel, was das Sittengesetz, dessen wir uns als praktische Wesen bewußt sind, besagt. Demnach hat das Sittengesetz zum Inhalt nur sich selbst, die Gesetzlichkeit als solche. Die *besonderen* Inhalte des Wollens entnehmen wir der Erfahrung.

Maximen sind subjektive Grundsätze, nach denen wir jeweils handeln. Sollen diese dem Sittengesetz gemäß sein, dann müssen sie dem Anspruch genügen, als Prinzipien einer allgemeinen Gesetzgebung gedacht werden zu können. Die Sittlichkeit einer Handlungs- oder Willensmaxime beweist sich an ihrer Tauglichkeit zu einer allgemeinen Gesetzgebung. Wir haben also an der Formel - und mehr hat Kant überhaupt in seinem berühmten kategorischen Imperativ nicht aufstellen wollen - einen untrüglichen Prüfstein für die Sittlichkeit unseres Wollens und Wirkens. Da der Ausdruck für Sitte lateinisch *mores*, griechisch *ἦθος* lautet, kann das Sittengesetz, das ethische Gesetz, auch das moralische Gesetz heißen. Das ist ein rein sprachlicher Zusammenhang.

Und jetzt kommt die entscheidende Frage: Was hat das Sittengesetz mit der Idee der Freiheit zu tun, Freiheit verstanden als unbedingte Kausalität? Die Antwort auf diese Frage sei hier vorweggenommen: Sittengesetz und Idee der Freiheit stehen in der Weise in einem Zusammenhang, daß das Wesen des Sittlichen die Freiheit selbst ist, so daß sittliches Handeln gar nichts anderes heißt als: in Selbstbehauptung der eigenen Freiheit handeln, worin einzig und allein die Würde des

---

[11] K.d.p.V., § 7.

Menschen besteht; denn Kant hat einmal gesagt: Ohne die Freiheit sinkt der Wert des Menschen unter Null.

Das Sittengesetz bestimmt unseren Willen unangesehen aller Bedingtheiten, in denen wir uns befinden. Es bestimmt den Willen unbedingt. Aber in welcher Weise bestimmt es den Willen? Es ist nicht dadurch, daß es besteht, auch schon befolgt. So verhält es sich allerdings bei den Naturgesetzen. Ihr Bestehen und ihr Befolgtsein sind identisch. Das Sittengesetz dagegen wird erst und nur dadurch befolgt und in unserem Wollen wirksam, daß wir es uns zum Bestimmungsgrund unseres Handelns machen, daß wir die Grundsätze unseres Handelns nach ihm bestimmen. D.h. aber, das Sittengesetz ist ein *Freiheitsgesetz*. Es ergeht an uns in der Gestalt einer Aufforderung, der wir in einem freien Entsprechen Folge leisten, wenn wir es zum Bestimmungsgrund unseres Handelns machen. Das heißt nicht, daß die Freiheit darin besteht, uns für oder gegen das Sittengesetz zu entscheiden. Denn der Wille bedarf wie jedes Wirkvermögen eines ihn zum Wirken bestimmenden *Grundes*. Wenn ihn nicht das Sittengesetz zum Wollen bestimmt, dann eben etwas anderes, nämlich Naturursachen, die Interessen, Neigungen, Bedürfnisse. Aber dann bestimmen wir uns auch nicht selbst zum Wollen, sondern es wird von diesen natürlichen Ursachen unser Wollen und Wirken bestimmt. Allein dann, wenn der Wille sich dem Sittengesetz unterstellt, d.h. dieses als Bestimmungsgrund in sein Wollen übernimmt, gibt er sich selbst das Gesetz seines Handelns, bestimmt er sich selbst, handelt er frei. Sich selbst dem Handeln das Gesetz geben heißt *Autonomie*. Allein der sittliche Wille ist ein autonomer Wille. Denn das sittliche Gesetz ist das einzige, das ihn nur dann bestimmt, wenn er es sich selbst gibt. Freiheit im Sinne der Selbstgesetzgebung im Handeln und Sittlichkeit sind eines und dasselbe.

Das ist ein ganz neuer Begriff des Sittlichen, der mit dem, was man heute allgemein "Moral" nennt, wenig, ja vielleicht überhaupt nichts mehr zu tun hat, am wenigsten übrigens mit blinder Pflichterfüllung. Denn was Kant "Pflichten" nennt, beruht auf einer Selbsteinsicht der Vernunft in ihr eigenes Gesetz, welches ein Freiheitsgesetz ist. Demnach beruht Freiheit nicht schon in der Wahlmöglichkeit, die vielmehr nur eine Folge des Wesens der Freiheit ist. Freiheit beruht in ihrem Wesen auf der Selbstgesetzgebung, und die ist identisch mit der Sittlichkeit, weil der Mensch nur im Sichbinden an das Sittengesetz seine

Unbedingtheit im Handeln zu wahren vermag. Freiheit, d.h. unbedingte Kausalität, ist eine Idee, die unlösbar mit dem Bewußtsein des Sittengesetzes verbunden ist, weil Freiheit das Wesen des Sittlichen selbst ausmacht.

Die transzendentale Idee der Freiheit, der Selbstanfang, erfüllt sich also im sittlichen Willen, die einzige Erfüllung, die wir kennen. Und diese Idee der Freiheit, obwohl eine Vernunftidee, hat objektive Realität. Denn der menschliche Wille ist eine innerhalb der Welt wirkende Ursache von spezifischer Art, sofern er nach Begriffen (Vernunftvorstellungen) wirkt. Da aber die Idee der Freiheit dann sein Wirken bestimmt, wenn er sich das Sittengesetz zum Bestimmungsgrund seines Wollens macht, so ist die Idee der Freiheit etwas in der Welt Wirksames und deshalb *Wirkliches*, jedoch mit der Einschränkung, daß uns die *Möglichkeit* einer Kausalität aus Freiheit theoretisch uneinsichtig bleibt. Denn für die theoretische Vernunft hat der Begriff der Kausalität nur als Naturnotwendigkeit objektive Realität, dergestalt, daß das Wirken der Ursache wie alles, was geschieht, etwas voraussetzt, worauf es nach einer Regel folgt, also nicht nach selbstgegebenem Gesetz wirkt. Da aber alles, was wirklich ist, auch möglich sein muß, so wissen wir durch die praktische Vernunft die Möglichkeit der Freiheit, ohne diese Möglichkeit theoretisch einsehen zu können.

Ein Handeln aus Freiheit, also ein Handeln nach selbstgegebenem Gesetz ist einem bloß naturhaften Geschehen, das immer durch ihm vorausliegende Bedingungen bestimmt ist, entgegengesetzt. Nun ist aber der menschliche Wille als eine innerhalb der Natur wirkende Ursache auch durch Naturursachen (Triebe, Neigungen, Interessen, Leidenschaften) bestimmt. Deshalb sind die von der praktischen Vernunft als objektiv notwendig vorgestellten Handlungen, die freien Handlungen also, etwas, das in Wirklichkeit zwar geschehen kann, aber oftmals nicht geschieht, dann nämlich nicht, wenn der Wille sich nicht durch das Sittengesetz bestimmen läßt, sondern durch Naturursachen bestimmt wird. Deshalb haben die sittlich-notwendigen Handlungen hinsichtlich ihrer Wirklichkeit den Charakter des Kontingenten, des Zufälligen im ontologischen Sinne (dessen, was sein und auch nicht sein kann).

Von dieser Beschaffenheit des menschlichen Willens rührt es her, daß das Sittengesetz als ein *Gebot* vorgestellt wird und die Vernunft die sittliche Notwendigkeit nicht als ein *Sein*, sondern als ein *Sollen* ausdrückt. Der Unterschied von Sein und Sollen würde also gar nicht statthaben, wenn die praktische Vernunft nicht die Vernunft eines Leib- und Sinnenwesens wäre, also nur reine Vernunft in einer Verstandeswelt (einer intelligiblen Welt) wäre. Dann gäbe es nicht den Unterschied zwischen Sollen und Tun, also zwischen dem, was durch unseren sittlich-freien Willen *möglich* ist, und dem, was wir als *wirklich* geschehen erkennen. Das Freie, das sittlich Gute, wäre dadurch, daß es möglich ist (d.h. im Begriff als zu Tuendes vorgestellt ist), auch schon wirklich. Nun ist allerdings der Begriff einer solchen intelligiblen Welt, in welcher das Freiheitsgesetz allein den Willen bestimmen würde, für uns ein überschwenglicher, transzendenter Begriff. Zwar kennen wir das Gesetz einer solchen intelligiblen Welt, eben das Freiheitsgesetz. Aber auch dieses bleibt für die *theoretische* Vernunfterkenntnis ein überschwenglicher Begriff, der zur objektiven Bestimmung eines ihm entsprechenden Gegenstandes nicht tauglich ist. (*Theoretisch* erlangt der Begriff der Kausalität seine objektive, den Gegenstand bestimmende Realität immer nur als Kausalität nach der Natur.) So ist also die Idee der Freiheit kein konstitutives Prinzip, durch welches wir eine eigene Weise von Kausalität objektiv bestimmen können, sondern sie dient uns gemäß unserer sinnlich vernünftigen Doppelnatur (der zufolge wir für die objektive Erkenntnis auf Sinnesanschauungen angewiesen bleiben) als ein regulatives Prinzip, welches bestimmt, wie wir uns die Freiheit zu denken haben, nämlich als ein jedes Vernunftwesen verpflichtendes Gesetz, dessen objektive Gültigkeit genau so besteht, als wenn uns das Wesen der Freiheit theoretisch einsichtig wäre. Denn das Freiheitsgesetz ist ein Faktum unserer praktischen Vernunft.

Auch der Unterschied zwischen einer bloß effizienten Kausalität, also einer bloß physikalisch-chemischen Gesetzlichkeit der Natur, und der Zweckverbindungen in ihr verdankt sich der Eigentümlichkeit unseres menschlichen Verstandes. Also beruht ein dreifacher Unterschied auf der Eigentümlichkeit unseres Verstandes:

1. die Differenz von Möglichkeit und Wirklichkeit im theoretischen Verhältnis zu den Dingen,

2. der Unterschied von Sein und Sollen im praktischen Bereich,

3. sogar der Unterschied der beiden Erklärungsweisen nach der puren Kausalität einerseits und der teleologischen Betrachtung andererseits.

Dieser dritte Unterschied ist nun noch aus der Eigentümlichkeit der Verfassung des menschlichen Erkenntnisvermögens herzuleiten. Und das ist ein überaus schwieriger, wenngleich sehr klarer Gedankengang, dem zu folgen wir jetzt genötigt sind. Diese Überlegungen bereiten den sehr schwierigen Paragraphen 77 vor, in dem die ganze Betrachtung kulminiert.

Der Verstand stellt in den Kategorien die Gesetze vor, die den Gegenstand als einen solchen bestimmen. Aber aus diesen allgemeinen Gegenstandsgesetzen lassen sich die spezifischen Naturgesetze innerhalb der verschiedenen Bereiche nicht ableiten. Wäre das möglich, dann bedürfte es keiner eigenen naturwissenschaftlichen Forschung. Es bedürfte nicht der sogenannten empirisch-analytischen Wissenschaften. Die spezifischen Naturgesetze müssen *gefunden* werden. Dazu bedarf es methodischer Beobachtungen und des Experiments, das aus zuvor aufgestellten Hypothesen (als möglichen Erklärungsgründen) nach bestimmten Ableitungsregeln hergeleiteten Sätzen die Bestätigung erbringt oder auch versagt, so daß dann die Hypothesen geändert werden müssen. Die spezifischen Naturgesetze sind zwar Besonderungen der transzendentalen allgemeinen Gegenstandsgesetze, aber von welcher Art diese Besonderungen sind und wieviele ihrer sind, das kann der Verstand aus den allgemeinen Gesetzen nicht entnehmen, sondern er hat sie aus methodisch geordneten Wahrnehmungen, also durch wissenschaftliche Beobachtungen zu finden. Die spezifischen Gesetze sind daher für den Verstand etwas bloß Tatsächliches, also Zufälliges (im Sinne der ontologischen Bedeutung von Zufälligkeit). Also stellt sich auch die Zusammenstimmung der durch Beobachtungen gefundenen *empirischen* Gesetze, insofern sie *besondere* Gesetze sind, mit den allgemeinen Verstandesgesetzen als etwas Zufälliges dar. Aber auf dieser Zusammenstimmung beruht die Möglichkeit alles naturwissenschaftlichen Forschens. Denn dessen bestimmender Grundzug ist das Streben, die durch Beobachtung festgestellten Einzelgesetzlichkeiten auf höhere und allgemeinere Gesetze zurückzuführen und so aus ihnen einheitlich deduktiv herzuleiten. Das naturwissenschaftliche Forschen trachtet nach einer systematischen Herleitung einer Mannigfaltigkeit von empirischen Gesetzen aus Prinzipien. Und das heißt gar nichts anderes als: Die Naturwissenschaften sind auf Theoriebildung aus. Aber solche deduktiv-systematischen Herleitungen wären unmöglich, wenn die besonderen Gesetze nicht mit den allgemeinen Gegenstandsgesetzen zusammenstimmen würden.

Ohne diese Zusammenstimmung wäre es nicht möglich, in die Mannigfaltigkeit der empirischen Gesetze größtmögliche systematische Einheit zu bringen, worauf doch alle Wissenschaften aus sind und worin die Wissenschaftlichkeit der Wissenschaften ja eigentlich besteht. Also stehen die empirischen Naturgesetze vor aller und für alle Naturforschung unter dem Hinblick einer Zusammenstimmung des Besonderen mit dem Allgemeinen, also einer *gesetzmäßigen Einheit beider*. Nun stellt sich aber für den Verstand diese Einheit als etwas Kontingentes, Zufälliges dar. Die Gesetzmäßigkeit des Zufälligen als eines solchen ist jedoch die *Zweckmäßigkeit*. Dazu werfen wir nochmals einen Blick auf ein Kunstprodukt, das zweifellos den Charakter der Zweckmäßigkeit hat. Ein Haus z.B. ist etwas Zufälliges. Denn es ist, wenn es ist, etwas, das auch nicht sein kann. Dennoch verdankt es sein Bestehen einem einheitlichen Grund, der Einheit seines Begriffs, welcher die Erbauung regelt. Zweckmäßigkeit ist die Gesetzmäßigkeit des Zufälligen als eines solchen.

Nun stellt sich die Zusammenstimmung der besonderen, empirischen Gesetze mit den allgemeinen Verstandesgesetzen, worauf die Möglichkeit wissenschaftlichen Forschens beruht, dem Verstand als etwas Zufälliges dar. Da aber die Vernunft für das Bestehen eines Zufälligen den Grund seiner Einheit erfordert und sich diese nur in der Idee der Zweckmäßigkeit denken kann, so setzt unsere Vernunft als Möglichkeitsgrund für die gesamten empirischen Wissenschaften die Idee einer Zweckmäßigkeit als regulatives Prinzip voraus, dem gemäß wir die Zusammenstimmung des Besonderen mit dem Allgemeinen zu denken haben - einen Begriff also, der für uns ebenso notwendig ist, als wenn er ein konstitutiver Begriff wäre (was er nicht zu sein vermag).

Wir können uns die Übereinstimmung von Besonderem und Allgemeinem in der Natur nur so denken, daß wir die Natur hinsichtlich ihrer Gesetze als ein Ganzes betrachten, bei welchem das Ganze die Teile so bestimmt, daß das Besondere unter das Allgemeine einheitlich zusammengefaßt und so aus ihm hergeleitet werden kann. Ein solches Ganzes aber ist für uns nur als ein nach der Idee des Zweckes bestehendes Ganzes *denkbar*. Und so kommt die Betrachtung der Natur nach teleologischen Prinzipien im Unterschied zur kausal-effizienten notwendigerweise mit ins Spiel, und zwar nicht als ein konstitutives, sondern als ein regulatives Prinzip, in dessen Licht empirische Naturforschung überhaupt erst möglich sein kann, und zwar nicht nur die Erforschung der belebten Natur, sondern der Natur überhaupt, sofern sie Gegenstand empirischer Wissenschaften ist.

Kant nennt dieses auf die Natur im ganzen sich erstreckende Prinzip das *transzendentale Prinzip der Zweckmäßigkeit*, auf dem alle empirisch-analytischen Wissenschaften beruhen, indem sie es sich, ohne es selbst zum Thema zu machen, als Bedingung ihrer Möglichkeit vorausschicken. Der Begriff des Naturzwecks, welcher die Erforschung nur der organischen Natur leitet, ist eine durch den Bereich der organischen Natur bestimmte Abwandlung des transzendentalen Prinzips der Zweckmäßigkeit überhaupt, das allen empirischen Wissenschaften zugrunde liegt.

Nach dieser mehr umrißhaften Betrachtung geht Kant im § 77 dazu über, die Genesis des Begriffs des Naturzwecks aus der spezifisch menschlichen Wesensverfassung des Verstandes darzulegen. Hier tun wir nun einen Blick in die Möglichkeitsgründe von empirischer Naturwissenschaft überhaupt, ein Blick, der nur Kant geglückt ist und der sich durch die spekulative Interpretation der Natur im deutschen Idealismus wieder verschlossen hat.

Die Vernunft bildet Ideen wie die Idee des aus absoluter Notwendigkeit existierenden Seienden, welche die metaphysische Gottesidee ist. Die Ideen als objektive Prädikate auf Gegenstände zu übertragen liegt uns nahe. Eine kritische, das Erkenntnisvermögen ausmessende Betrachtung lehrt indes, daß in der Erfahrung, auf die unsere Erkenntnis angewiesen bleibt, keiner der Ideen ein adäquater Gegenstand gegeben werden kann. Die Ideen sind daher nur von *regulativem* Gebrauch, d.h. sie regeln unser Denken über Gegenstände, ohne über sie objektiv etwas ausmachen zu können. So steht es auch mit dem Begriff des Naturzwecks, den wir bestimmten Naturprodukten zusprechen. Denn diese Produkte implizieren den Begriff einer übersinnlichen Kausalität innerhalb der Natur, ein Begriff, dem wir die objektive Realität nicht verschaffen können, der also eine bloße Idee ist. Aber die dieser übersinnlichen Kausalität gemäße Folge, ihr Produkt, ist uns doch in den organischen Naturwesen *gegeben*. Wir treffen sie in der Erfahrung an. Und so scheint die Idee des Naturzwecks doch ein konstitutives Prinzip zu sein (im Unterschied zur Idee des aus absoluter Notwendigkeit existierenden Seienden, deren Gegenstand niemals in der Erfahrung gegeben werden kann). Und darin scheint die Idee des Naturzwecks sich von allen anderen Ideen zu unterscheiden, daß uns ihr Gegenstand in der Natur gegeben zu sein scheint.

Aber das Unterscheidende besteht in Wahrheit in etwas anderem: Die Idee des Naturzwecks ist ein Prinzip der *Urteilskraft*, sofern sie gegebene Gegenstände nicht objektiv bestimmt, sondern mittels des Prinzips des Naturzwecks die Regel angibt, wie wir über *gegebene Gegenstände* zu denken haben, damit wir einen Leitfaden für ihre Erforschung haben. Und das gründet in der besonderen Wesensverfassung unseres Erkenntnisvermögens, des Verstandes.

Im Begriff der Besonderheit unseres Verstandes stellen wir eine *bestimmte Verstandesart* vor, und diese Vorstellung schließt bereits die Idee von einem anderen möglichen Verstand ein. Denn alles Bestimmen ist ein Unterscheiden des einen vom anderen. Kant verweist hier auf die K.d.r.V., wo er in dem Abschnitt mit der Überschrift "Von dem Grunde der Unterscheidung aller Gegenstände überhaupt in Phaenomena und Noumena" gezeigt hat, daß die Weise, wie uns das Seiende als Gegenstand möglicher Erkenntnis durch Verstandesbestimmung im Begriff gegeben ist, nämlich in den Sinnesanschauungen, nur eine bestimmte Art der Präsenz der Gegenstände ist, die sich in Abhebung gegen eine mögliche andere Art bestimmt, in der das Seiende im Denken und durch das Denken selbst gegeben wäre. Diese wäre eine intellektuelle Anschauung, über die wir nicht verfügen. Denn unsere Anschauung ist sensuell, sinnlich. Damit sich uns Gegenstände zeigen, müssen wir von ihnen Vorstellungen durch Sinnesaffektionen empfangen.

Ähnlich verhält es sich auch bei dem Begriff des Naturzwecks. Es ist wahr: Bestimmte Naturprodukte können wir uns gemäß der *Beschaffenheit unseres Verstandes* ihrer Möglichkeit nach nur als durch eine Zweckvorstellung erzeugt vorstellen, ohne zu behaupten, daß es eine solche nach Zwecken wirkende Ursache in der Natur auch gebe, also ohne in Abrede zu stellen, daß ein möglicher anderer Verstand von anderer Beschaffenheit auch in der effizienten Kausalität den Grund der Möglichkeit organischer Produkte antreffen könnte, etwa ein anschauender Verstand. Er würde den Begriff eines Naturzwecks gar nicht benötigen, um organische Produkte zu erkennen.

Allgemein gesagt besteht Erkennen im denkenden Bestimmen des Seienden in seinem Was, Wie und Wodurch. Darin besteht der

Wesensvollzug des Verstandes. Nun findet sich bei unserem menschlichen Verstand eine Eigentümlichkeit, die von dem Begriff eines Verstandes überhaupt nicht abgeleitet werden kann, also etwas Zufälliges im genannten ontologischen Sinne ist. Was ist dieses Kontingente, dieses ihm Eigentümliche? In ihm müssen Ursprung und Notwendigkeit der Idee des Naturzwecks liegen.

Um es zu erfassen und zu bestimmen, müssen wir es dort aufsuchen, wo es sich zeigt. Es zeigt sich in der Art und Weise, wie die Urteilskraft das Besondere unter das Allgemeine der Verstandesbegriffe, der Kategorien, zu bringen hat, die den Gegenstand als einen solchen konstituieren. Dieses Besondere ist durch das Allgemeine der Kategorien nicht bestimmt und auch nicht bestimmbar, also nicht aus ihnen herleitbar. Wir müssen es als Tatsache in der Wahrnehmung durch Beobachtung auffinden. Alles Tatsächliche hat den ontologischen Charakter des Zufälligen. Es ist daher zufällig, wieviel Arten von Gesetzmäßigkeiten wir in der Natur antreffen, z.B. welche Arten spezifischer Kausalität es in den verschiedenen Naturregionen gibt, wieviel chemische Substanzen es gibt und von welcher Art sie sind. Sofern unserem Verstand das Besondere gegeben werden muß, damit er es unter das Allgemeine bringen kann, ist er *diskursiv*. D.h. er muß das in der Wahrnehmung Gegebene durchlaufen, um es unter Allgemeineres zusammenfassen zu können. Und diese allgemeineren Gesetze, die er auf diese Art und Weise findet, versucht er wieder diskursiv unter noch höheren Gesetzen zusammenzufassen und so fort.

Nun gehört zu aller Erkenntnis Anschauung, d.h. Präsenz des zu erkennenden Gegenstandes. Unser Anschauungsvermögen ist rezeptiv, d.h. ein Vermögen, Vorstellungen von den Dingen dadurch zu empfangen, daß sie unsere Sinne affizieren. Im Blick auf den Begriff des Verstandes überhaupt (denkendes Bestimmen von Gegenständen in ihrem Was und Wie und Wodurch) wäre ein spontanes Anschauungsvermögen denkbar, das durch es selbst, also von sich her Gegenstände zur Präsenz bringt. Und weil nun die Spontaneität dem Denken eignet, so wäre ein solches Erkenntnisvermögen von der Art, daß es im Denken und durch das Denken die Gegenstände anschaut, also ein anschauender, ein *intuitiver Verstand*. Er würde in völliger *Spontaneität* der Anschauung das Seiende präsent haben und wäre ein von der Rezeptivität der Sinne unabhängiges Erkenntnisvermögen, also ein Verstand in der allgemeinsten Bedeutung seines Begriffes: Erkennen durch Denken von Gegenständen. Und im Dagegenhalten unseres Verstandes gegen die Idee eines solchen intuitiven Verstandes können wir das Eigene unseres Verstandes jetzt präzise erfassen:

1. Unser Verstand erkennt, indem er von schon vorausgedachten allgemeinen Gegenstandsbestimmungen, den Kategorien, zum Besonderen fortgeht, welches ihm durch eine andere Erkenntnisquelle, die sinnliche Wahrnehmung, gegeben werden muß. Dem intuitiven Verstand dagegen werden die Gegenstände einfachhin, durch ihn selbst gegeben.

2. Unser Verstand muß aufgrund methodischer Beobachtungsverfahren (heute mit einem großen technischen Aufwand von Apparaturen) versuchen, unter der Führung der allgemeinen Gegenstandsbegriffe das Allgemeine zu dem Besonderen zu finden und dieses unter jenes zu subsumieren. Deshalb ist Erkennen für uns Erkenntnis*arbeit*. Sie entfällt für den intuitiven Verstand, dem durch ihn selbst, durch sein Denken die Gegenstände gegeben sind.

Das Eigentümliche des menschlichen Verstandes besteht darin, daß durch sein Allgemeines das Besondere nicht schon bestimmt ist. Gleichwohl soll das Besondere in der Mannigfaltigkeit der Naturdinge von Natur, also von sich her mit dem Allgemeinen zusammenstimmen. Diese Zusammenstimmung, auf der die Möglichkeit der ganzen empirisch-analytischen Naturwissenschaft beruht, ist für unseren Verstand zufällig.

Die Einsicht in die Genesis der Idee der Naturzweckmäßigkeit aus der Eigenart des menschlichen Verstandes erbringt der Abschnitt, der mit dem Satz beginnt: "Um nun gleichwohl die Möglichkeit einer solchen Zusammenstimmung der Dinge der Natur zur Urteilskraft (welche wir als zufällig, mithin nur durch einen darauf gerichteten Zweck als möglich vorstellen) wenigstens denken zu können, müssen wir uns zugleich einen andern Verstand denken, in Beziehung auf welchen und zwar vor allem ihm beigelegten Zweck wir jene Zusammenstimmung der Naturgesetze mit unserer Urteilskraft, die für unsern Verstand nur durch das Verbindungsmittel der Zwecke denkbar ist, als *notwendig* vorstellen können."[12] Diese Einsicht ist von Kant so konzise formuliert, daß es sich empfiehlt, diesen zentralen Satz von rückwärts, nämlich von den anschließenden Erläuterungen her, aufzuschließen.

---

[12]K.d.U., § 77; AA V, S. 407.

Unser Verstand nimmt zum bestimmenden Ausgang für seine Erkenntnisabsichten die allgemeinen Verstandesgesetze, die Kategorien, so bezüglich eines Naturproduktes den Begriff der Kausalität, der im systematischen Zusammenhang mit den anderen Kategorien steht. Aber die besonderen, die empirischen Naturgesetze lassen sich aus den Kategorien nicht herleiten, sondern der Verstand erwartet sie von der Subsumption der empirischen Anschauung unter die Kategorie, also durch methodisch geleitete Beobachtungen. Die Eigentümlichkeit unseres Verstandes empfängt ihre Bestimmtheit durch Abhebung gegen einen denkbaren intuitiven Verstand. Dieser geht nicht vom Allgemeinen zum Besonderen, das er erst von der Subsumption der empirisch-sinnlichen Anschauung unter das Allgemeine erwartet, sondern er geht vom Allgemeinen zum Besonderen mittels Explikation der bereits implizit im Allgemeinen enthaltenen Besonderungen. Das ist ein ganz anderer Weg, wie das übrigens in der Mathematik geschieht, die aber als Mathematik keine Wirklichkeitserkenntnis, keine Naturerkenntnis zu haben vermag. Ein solches Allgemeines, welches das mannigfache Besondere in sich enthält, nennt Kant ein Synthetisch-Allgemeines. Es verhält sich als Ganzes zu den in ihm enthaltenen Teilen dergestalt, daß das Ganze die Wesensart der Teile und die Art ihrer Verbindung zueinander vorweg bestimmt. Hier entfällt die Vorstellung der Zufälligkeit in der Verbindung der Teile, um eine bestimmte Form des Ganzen möglich zu machen, da ja für den intuitiven Verstand die Teile ihrer Form und ihrer Beschaffenheit nach durch das Ganze bestimmt, weil in ihm enthalten sind, so daß das Ganze selbst der Möglichkeitsgrund seiner Teile ist, die mit Notwendigkeit aus dem Ganzen folgen. Wie aber kann sich ein diskursiver Verstand, wie es der unsrige ist, einen solchen Sachverhalt seinerseits vorstellen? Wir können bei einem Naturprodukt nicht das Ganze als Grund der Möglichkeit der Teile annehmen, da ja umgekehrt das Ganze erst der Effekt der bewegenden Kräfte der Teile ist, die sich zum Ganzen fügen. Denken können wir uns ein solches Verhältnis nur so, daß die *Vorstellung des Ganzen* den Grund der Möglichkeit seiner Form und der Art der Verknüpfung der Teile enthält. Das Ganze ist dann ein Produkt, dessen Vorstellung die Ursache ist, durch die es möglich ist. Ein Produkt einer Ursache, deren Kausalität gemäß der Vorstellung ihrer Wirkung wirkt, ist der Zweck. Noch einmal gesagt: Wollen wir uns *gemäß dem diskursiven Verstand* die Möglichkeit der Teile ihrer Beschaffenheit und ihrer Verbindung nach als durch das Ganze bestimmt vorstellen, so kann das nur so geschehen, daß wir uns die *Vorstellung des Ganzen* als die Teile bestimmend denken. Von solcher Wesensart, daß die Teile einander wechselseitig hervorbringende und erhaltende Organe sind, also die Teile ihrer Art und ihrer Verknüpfung nach durch das Ganze bestimmt sind, sind aber die organischen Produkte der Natur. Wir denken sie notwendigerweise als Natur*zwecke*. Und so kommt heraus, daß es bloß eine Folge der Eigentümlichkeit unseres Verstandes ist, daß wir bestimmte Naturprodukte als Zwecke denken, als durch eine finale Kausalität produzierte. Denn für einen intuitiven Verstand entfiele diese Denkweise.

Und nun zur Erläuterung des zitierten, den gesamten Sachverhalt zusammenfassenden Satzes, dessen Schwierigkeit sich jetzt leicht auflösen läßt. Die Zusammenstimmung der besonderen, auf der Basis empirischer Beobachtung erkannten Naturgesetze in ihrer Besonderheit mit den allgemeinen Verstandesgesetzen ist für unseren Verstand zufällig. Also müssen wir uns die Möglichkeit einer solchen Zusammenstimmung wenigstens denken. Das geschieht, indem wir uns die Natur zugleich als Gegenstand eines anderen (intuitiven) Verstandes denken, dem das Seiende in der Weise präsent ist, daß das Besondere im Allgemeinen bereits implizit enthalten ist, das Besondere sich also zum Allgemeinen verhält wie das seine Teile hinsichtlich ihrer Art und Verbindung enthaltende und bestimmende Ganze. Das ist der erste Gedanke, durch den wir uns die Möglichkeit der Zusammenstimmung von Besonderem und Allgemeinem denken. Nun ist aber zweitens unserem Verstand im Blick auf die Naturprodukte ein solches Verhältnis des Ganzen zu den Teilen nur mittels des Begriffs des Zwecks denkbar, dergestalt, daß die vorausgreifende Vorstellung des Produkts vor seiner Produktion das Wirken der Ursachen bestimmt, also mittels der finalen Kausalität und des Zweckbegriffs.

Daher ist es gar nicht nötig zu beweisen, daß es einen solchen intuitiven Verstand in Wirklichkeit gibt, es kommt nur darauf an, im Dagegenhalten gegen ihn die Eigentümlichkeit unseres Verstandes zu bestimmen (daß er nämlich der Sinnesanschauungen, "Bilder", bedarf, um die besonderen Gesetze erkennen zu können) und so die Unumgänglichkeit einer teleologischen Beurteilung der Naturprodukte einzusehen, wenn nur die Idee eines intuitiven Verstandes (*intellectus archetypus*) keinen Widerspruch in sich enthält. Das ist nicht der Fall. Denn der Verstand vollzieht das denkende Bestimmen von Gegenständen in ihrem Was, Wie und Wodurch. Und wir denken in dieser Idee eines intuitiven Verstandes einen Verstand, der der Sinnesanschauungen nicht bedarf, sondern dem im Denken und durch es die Gegenstände anwesend sind und der insofern der Grund der Möglichkeit für die Zusammenstimmung des Besonderen mit dem Allgemeinen ist.

Zugleich wird einsichtig, weshalb wir uns in der Naturforschung mit der teleologischen Betrachtung niemals begnügen können; denn in ihr beurteilen wir nicht die Dinge selbst, sondern wir beurteilen sie nur im Hinblick auf die Art und Weise, wie wir uns gemäß der Beschaffenheit unseres Verstandes ihre Möglichkeit zu denken haben. Deshalb sind die Naturwissenschaften gehalten, auch die organischen Produkte so weit wie möglich nach physikalisch-chemischen Gesetzen zu erforschen.

Aber nun erhebt sich doch ein schwerwiegendes Bedenken gegen die ganze bisherige Überlegung: Wir müssen so denken, wie dargelegt, gemäß der menschlich-spezifischen Verfassung unseres Erkenntnisvermögens: nämlich die Zusammenstimmung des Besonderen mit dem Allgemeinen des Verstandes in Beziehung auf einen anschauenden Verstand als ermöglichenden Grund dieser Zusammenstimmung und ferner die Art der Zusammenstimmung mittels des Zweckbegriffs. Aber ist denn das alles nicht nur erdacht, wenngleich gemäß unseren Erkenntnisbedingungen notwendig gedacht? Läuft das Ganze nicht auf einen anthropologisch begründeten Fiktionalismus hinaus, so daß es sich um zwar subjektiv notwendige, aber seinslose, weil im Seienden nicht gegründete Vorstellungen handelt? Kant weist nach, daß der Begriff des Naturzwecks und die mit ihm zusammenhängenden Begriffe gleichwohl ein ontologisches, ein seinsmäßiges Fundament haben, also nicht nur subjektiv begründete Fiktionen sind.

Wenn wir ein Naturprodukt auf seine kausal-effiziente Erzeugungsart hin betrachten, dann sehen wir, wie die materiellen Teile sich gemäß ihrer Wirkungsart zu einem Ganzen verbinden, welches wir also als Produkt der Teile und ihrer Kräfte vorstellen. Aber auf diese Art kommt kein Begriff vom Ganzen als einem Zweck heraus, denn dieser setzt die Idee des Ganzen voraus, welche die Beschaffenheit der Teile und ihre Wirkweise bestimmt. Und so müssen wir uns organische Körper vorstellen. Daraus folgt aber nicht, daß die Erzeugung eines organischen Körpers ohne Zweckvorstellung überhaupt unmöglich sei. Denn das würde einschließen, daß eine solche Einheit in der Verknüpfung der Teile *für jeden Verstand* ohne Zweckbegriff unmöglich sei.

Aber für einen anschauenden Verstand ist eine solche Einheit des Mannigfaltigen ohne Zweckbegriff durchaus denkbar. Unter einer Voraussetzung allerdings wären organische Körper *nur* durch eine nach Zwecken wirkende Ursache möglich, dann nämlich, wenn die Sinnesgegenstände die Dinge an sich selbst wären. Denn dann wären sie so an sich selbst, wie sie sich in unserer Sinnesanschauung darstellen. Und dann wären die organischen Körper auch für jeden Verstand nur als durch einen Zweck möglich vorstellbar. Aber einmal gesetzt, es verhielte sich so: Die Gegenstände unserer Sinnesanschauungen wären die Dinge an sich selbst. Worin bestünde dann die Einheit des Mannigfaltigen dieser Körper? Nur in ihrer räumlichen Gestalt (*figura*). Aber der Raum ist kein Erzeugungsgrund von Naturbildungen, sondern er ist nur die formale Bedingung ihres sinnlichen Erscheinens: das Ganze der Verhältnisse des Nebeneinander.

Nun hat Kant in der "transzendentalen Ästhetik" der K.d.r.V. gezeigt, daß der Raum (und ebenso die Zeit) nicht den Dingen von ihnen selbst her zukommt, sondern eine Form unserer sinnlichen Anschauung der Dinge ist, also eine uns als den vorstellenden Subjekten zugehörige Grundweise, wie uns die Dinge außer uns in ihrem Sein erscheinen, nämlich in den Verhältnissen des Außereinander. Deshalb ist es möglich, die Dinge als Gegenstände für uns, d.h. als Dinge in der Erscheinung von den Dingen zu unterscheiden, wie sie an sich selbst, d.h. unangesehen unserer Rezeptionsformen des Raumes und der Zeit sind. Also können die Dinge auch unangesehen unserer sinnlichen Anschauungsweise als Dinge an sich selbst gedacht (wenngleich niemals erkannt) werden.

Dasjenige, was an einem Gegenstand der Sinne nicht Erscheinung ist, nennt Kant intelligibel oder übersinnlich. Also liegt den Sinnesgegenständen ein intelligibles oder übersinnliches Substrat zugrunde, welchem eine intellektuelle, nicht-sinnliche Anschauung so korrespondiert, wie dem Ding als Sinnesgegenstand unsere sinnliche Anschauung entspricht. Intellektuelle Anschauung - das ist aber doch die Art und Weise, in welcher dem intuitiven Verstand die Dinge präsent sind, nämlich als ein die Teile enthaltendes, bestimmendes Ganzes. Der intuitive Verstand und sein Gegenstand wäre dann der Realgrund der Natur, zu der wir selbst mitgehören, für uns freilich gänzlich unerkennbar. Wir können ihn den intelligibel-intellektuellen Realgrund der Natur nennen, wobei wir mit "intelligibel" den Gegenstand meinen und mit "intellektuell" den anschauenden Verstand. Dieser intelligibel-intellektuelle Realgrund der Natur ist also nicht bloß von uns erdacht, sondern er hat aufgrund der notwendigen Unterscheidung von Ding an sich und Ding in der Erscheinung ein ontologisches Fundament im Seienden selbst, deshalb auch der Gedanke des Naturzwecks, nach welchem wir uns die Erzeugungsweise eines organischen Produkts allein denken können.

Diese Überlegungen lassen sich so zusammenfassen: Es ist einsichtig geworden, inwiefern die Natur nach einer zweifachen Gesetzgebung betrachtet werden kann, ohne daß die eine (die teleologische) für eine bloß subjektiv notwendige Fiktion gehalten werden muß.

1. Was in den Naturgegenständen als Gegenständen der Wahrnehmung notwendig ist, das ist auf Gesetze der effizienten Kausalität zurückzuführen und durch diese allein zu erklären.

2. Die Zusammenstimmung der besonderen Gesetze mit den allgemeinen Gesetzen und ihre Einheit (a) sowie die besonderen Naturformen (organische Produkte), die wir als zufällig beurteilen müssen (b), sind auch nach teleologischen Prinzipien zu betrachten, ohne daß diese beiden Betrachtungsweisen einander widersprechen. Die teleologische Betrachtung sowohl des Naturganzen (hinsichtlich der Zusammenstimmung der besonderen Gesetze mit den allgemeinen Gesetzen) als auch der besonderen (organischen) Naturformen entspringt in ihrer Notwendigkeit aus der Eigentümlichkeit unseres Verstandes, der kein intuitiver Verstand ist. Und darum hat diese Betrachtung nur eine regulative Funktion. Aber zugleich hat sie einen seinsmäßigen Rückhalt in dem (für uns unerkennbaren) intelligibel-intellektuellen Realgrund der Natur.

Kant weist die Unentbehrlichkeit des Gedankens eines intelligibel-intellektuellen Grundes der Natur im letzten Abschnitt des § 77 noch eigens nach[13]: Das Prinzip kausal-effizienter Erklärung organischer Naturprodukte macht die teleologische Betrachtung nicht entbehrlich. Der Grund ist eben der, daß die teleologische Verknüpfung nach Ursache und Wirkung zur Möglichkeit organischer Produkte für die Urteilskraft unentbehrlich ist, damit wir uns einen Begriff von ihnen machen können. Nun kann in den Naturdingen als bloßen Gegenständen der Wahrnehmung ein auf Zwecke bezogener Grund nicht ange-

[13]K.d.U., § 77; AA V, S. 409.

troffen werden. Da er aber doch in der Natur selbst liegen muß, wenn anders es Natur- und nicht Kunstprodukte sind, so muß dieser Grund in dem liegen, was an der Natur das intelligibel-intellektuelle Substrat ist. Das aber ist kein Gegenstand möglicher Erkenntnis. Also können wir nicht aus der Natur Erklärungsgründe für Zweckverbindungen entnehmen, weder aus ihr als dem Inbegriff von Sinnesgegenständen noch aus dem intelligiblen Substrat (weil dieses für uns unerkennbar ist). Wohl aber sind wir genötigt, einen intuitiven Verstand und den ihm entsprechenden intelligiblen Gegenstand als zum Wesen der Natur selbst zugehörig hinzudenken, ein notwendiger Gedanke, der zwar in keine Erkenntnis verwandelt werden kann, der aber zugleich aufgrund der Unterscheidung von Ding an sich und Ding in der Erscheinung (für uns) einen Halt im Sein des Seienden selbst hat.

Diese Naturbetrachtung steht nun in der Gefahr einer zweifachen Einseitigkeit (§ 78):

1) Man nimmt die Idee eines produktiven Verstandes zum *Erklärungsprinzip* der Naturprodukte (und nicht nur zum regulativen Prinzip der Beurteilung). Das kann auf zweifache Weise geschehen:

a) Man nimmt an, die organischen Naturgestalten als solche seien Produkte jenes intuitiven Verstandes, also die in diesem Verstand gedachten Ideen, oder die Naturgegenstände hätten sich im Laufe der Zeit kontinuierlich nach diesen Ideen gebildet, die dann als Urbilder ("Muster", *παραδείγματα*) für die Naturgebilde fungieren. Aber mit diesem Ansatz ist die Naturforschung nicht im mindesten gefördert. Denn wir kennen weder die Handlungsart jenes produktiven Verstandes noch die in ihm gedachten Ideen. Und aus dem, was uns unbekannt ist, können wir das uns Bekannte, die Naturbildungen, nicht erklären.

b) Oder aber wir gehen von den uns gegebenen Naturgegenständen aus, und da wir an ihnen Zweckmäßigkeiten anzutreffen glauben, erklären wir sie durch eine nach Zwecken wirkende Ursache. Dann ist die Erklärung eine bloße Tautologie. Außerdem versteigen wir uns mit solchen Erklärungen, statt zu erkennen, ins Unerkennbare, indem wir uns der spekulativen Phantasie überlassen. Deshalb dürfen wir die kausal-effiziente Erklärungsart nicht fallenlassen und nicht an ihr vorbeigehen.

2) Andererseits - und das ist die andere Einseitigkeit - dürfen wir nicht das teleologische Prinzip ausschließen. Zwar können wir die Entstehungsart organischer Produkte nach diesem Prinzip nicht *erklären*,

wohl aber ist es als Leitfaden für ihre Erforschung unentbehrlich. In dieser Weise sucht man nicht, über die Natur hinaus den Möglichkeitsgrund solcher Gegenstände zu erkennen, sondern bleibt bei ihnen als in der Erfahrung gegebenen Gegenständen, um sich von ihnen einen Begriff zu machen. Freilich schließt dieser Begriff dann auch eine besondere, von der effizienten verschiedene Kausalität mit ein, eben die finale Kausalität. Denn die Naturstoffe nehmen Formen (die organischen) an, zu denen sie nach den bloßen Gesetzen der effizienten Kausalität nicht fähig wären, so daß das Wirken einer anderen Ursache hinzutreten muß, ohne die kein Grund für solche Formen gefunden werden kann. Bei diesem Ansatz ist behutsam zu verfahren; so dürfen z.B. nicht etwa die kristallinischen Gebilde teleologisch interpretiert werden, weil sie sich so zweckmäßig in Hinsicht auf ihre Erfassung durch uns (nämlich mittels der Mathematik) bilden. Wohl dagegen führt eine ausschließliche Befolgung der effizienten Kausalität (oder, wie Kant auch sagt, des Mechanismus der Natur) ebenfalls zu einer eigenen Art von Phantasterei. Sie besteht darin, der Materie gewisse *Vermögen* beizulegen, die sich jedoch nicht einmal denken lassen. Es ist der phantastische Materialismus nicht weniger eine Phantasieschwärmerei als der Versuch, Naturbildungen aus einem produktiven Verstand und seinen Ideen oder aus einer nach Zwecken wirkenden Naturursache herzuleiten.

Wenn aber beide Prinzipien auf die Naturforschung anzuwenden sind, dann muß die Art ihrer Vereinigung bestimmt werden. Es ist klar: Als *konstitutive* Prinzipien für die bestimmende Urteilskraft lassen sie sich nicht vereinigen. Wenn man einen Organismus bloß als Produkt der effizienten Kausalität aus der Materie ableitet und so erklärt, dann kann man ihn nicht aus derselben Materie gemäß der Kausalität nach Zwecken ableiten und erklären, und umgekehrt. Beide Erklärungsweisen, angewendet auf den einen und selben Naturgegenstand, schließen einander aus. Aber wenn sie gleichwohl beide angewendet werden müssen, dann müssen sie doch vereinbar sein und müssen auch einen Grund ihrer Vereinbarkeit, also einen gemeinsamen Beziehungsgrund haben. Er muß in der Natur selbst liegen; denn es handelt sich ja beide Male um *Natur*erkenntnis. Der Grund ihrer Vereinbarkeit kann daher nur in dem liegen, was außerhalb der empirischen Naturvorstellung ist, aber gleichwohl Natur ist, also in dem Intelligiblen an der Natur, welches den Grund für ihr Erscheinen in unserer Anschauung enthält. Auf diesen intelligiblen Grund der Natur, der selbst Natur ist, nämlich ihre intelligible Seite, müssen beide Erklärungsarten einheitlich bezogen werden. Von diesem Intelligiblen haben wir nur den Begriff des Grundes. Er ist Grund der Natur als des Inbegriffs der Erscheinungen (der Sinnesgegenstände) und Grund der Zusammenstimmung der besonderen Gesetze mit den allgemeinen Verstandesgesetzen, aus denen die besonderen Gesetze nicht ableitbar sind. Aber *wie* das Intelligible Grund der Erscheinungen und der Zusammenstimmung des Besonderen mit dem Allgemeinen ist, bleibt für uns unerkennbar, weil unbestimmbar. Einen Grund erkennen heißt erkennen, wie die Bestimmtheit des Grundes das durch ihn Begründete bestimmt. Nun haben wir aber von dem Intelligiblen an der Natur nur den *unbestimmten* Begriff eines Grundes, so daß wir ihn durch kein Prädikat näher bestimmen können. Bleibt aber der Grund unbestimmt, dann können wir auch nicht einsehen, wie er das Begründete, die in den Sinnesanschauungen gegebene Natur und die Zusammenstimmung ihrer empirischen Gesetze mit den allgemeinen Verstandesgesetzen, bestimmt. Also ist der Begriff des intelligiblen Grundes der Natur, obwohl ein legitimer Begriff, für keine Erkenntnis zu verwenden.

Daraus folgt: Die Vereinigung der beiden Prinzipien, nämlich des kausal-mechanischen (des effizienten) und des teleologischen, gründet nicht in einem *Erklärungsgrund*. Sie lassen sich nicht aus dem intelligiblen Grund als einem Erkenntnisgrund richtig herleiten, sondern es handelt sich nur, wie Kant sagt, um einen Grund der *Erörterung* für die reflektierende Urteilskraft, auch Exposition genannt. Dafür noch eigens die Begründung: Erklären heißt, etwas aus einem Prinzip ableiten, das deutlich erkannt und angegeben werden muß. Deutlichkeit besteht im Erfassen der einer Sache eigenen Bestimmtheiten, also in den sie bestimmenden Prädikaten. Nun müssen zwar die beiden Prinzipien der Naturbetrachtung gemeinschaftlich aus einem und demselben Prinzip hervorgehen, um zusammen bestehen zu können. Aber dieses gemeinschaftliche Prinzip und die Gemeinschaft beider Prinzipien kann durch den Begriff eines intelligiblen Grundes der Natur angezeigt, jedoch nicht bestimmt, also auch nicht erkannt werden. Also läßt sich aus ihm keine Erklärung entnehmen, sondern nur anzeigen. Der Begriff des intelligiblen Grundes der Natur zeigt zwar auf diesen und bringt ihn durch solches Zeigen in die Sicht für das Denken, aber durch ihn kann nicht bestimmt werden, was und wie dieser intelligible Grund denn *ist*, d.h. zugleich, wie die beiden Prinzipien der Naturbetrachtung in ihm in Gemeinsamkeit gründen.

Das gemeinschaftliche Prinzip ist das Intelligible an der Natur selbst, das der Natur als Inbegriff der Erscheinungen zugrundeliegt. Aber wir können uns von ihm in theoretischer Absicht keinen bestimmenden Begriff machen.

Daraus ergibt sich ein Zweifaches: einmal etwas, was unmöglich ist, sodann etwas, was zulässig ist.

1. Es ist unmöglich zu erklären (im strengen Sinne), wie die Natur nach ihren besonderen Gesetzen das mögliche Ganze eines Systems ausmachen kann, innerhalb dessen die Erzeugungsart bestimmter Produkte sowohl nach dem kausal-effizienten als auch nach dem teleologischen Prinzip als möglich erkannt werden kann.

2. Wenn Naturgegenstände vorkommen, die ihrer Möglichkeit nach von uns nicht gedacht werden können, ohne teleologische Grundsätze in Anspruch zu nehmen, so ist es zulässig, beiden Prinzipien gemäß (auf eine noch näher zu bestimmende Weise) ihnen nachzuforschen. Denn die Möglichkeit ihrer Vereinbarkeit in einem gemeinschaftlichen Prinzip ist gesichert: Es ist der intelligible Grund der Natur qua Erscheinung.

Aber wenn die Erforschung von organischen Produkten nach beiden Prinzipien zulässig ist, dann bedarf es noch einer näheren Bestimmung der Vereinigung beider in der Anwendung auf Naturgegenstände. Dazu drei Punkte:

1. Das ihnen gemeinschaftliche Prinzip (der intelligible Grund) ist transzendent. Wir können es durch gegenständliche Erkenntnis nicht bestimmen. Und deshalb können wir nicht beide Prinzipien in der Erklärung von Naturerzeugungen vereinigen, auch dann nicht, wenn uns die Möglichkeit organischer Produkte nur durch finale Kausalität verständlich ist. Was also das Verhältnis der beiden Prinzipien betrifft, so bleibt es dabei: *Erklären* (im strengen Sinne) können wir ein Naturprodukt nur nach effizient-kausalen Gesetzen, aber nach der Beschaffenheit unseres Verstandes können wir uns die Möglichkeit organischer Wesen nur nach der finalen Kausalität denken, ohne daß wir deshalb behaupten dürfen, organische Wesen seien ihrem Sein nach nur durch finale Kausalität möglich.

2. Wohl läßt sich eine Notwendigkeit, beide Prinzipien zu vereinigen, nachweisen, aus welcher sich dann auch die Art ihrer Vereinigung voll-

ständig bestimmen läßt: Der teleologische Grundsatz ist ein Prinzip der reflektierenden Urteilskraft, betrifft also nicht die seinsmäßige Möglichkeit der Dinge selbst (wobei beide Erzeugungsarten in einem gemeinsamen Grund zusammenhängen können). Ohne kausal-effiziente Erklärung könnte die Erzeugung solcher Produkte nicht als Erzeugung von Naturprodukten angesehen und beurteilt werden. Sie wären vielmehr Kunstprodukte, wenn auch einer Kunst höherer Art als es die menschliche ist. Also bedarf das teleologische Prinzip aus Notwendigkeit der Vereinigung mit dem kausal-effizienten Denken. Ohne teleologische Beurteilung begegnen uns die organischen Produkte nicht als Natur*zwecke*, so daß wir keinen Begriff von ihnen hätten, aber ohne effiziente Kausalität sind sie keine *Natur*zwecke, sondern Kunstgebilde einer höheren Kunst. Der naturhafte Charakter wäre ihnen genommen. Deshalb ist die Anwendung der teleologischen Beurteilung berechtigt, aber nur in Vereinigung mit der effizient-kausalen Erklärungsweise, also in Einheit mit der physikalisch-chemischen Gesetzeserforschung, die ihrerseits als Gesetzesforschung mathematische Methoden anzuwenden hat. Das zuerst nur faktisch Festgestellte ist jetzt in eine Grundeinsicht verwandelt worden.

3. Und nun kann auch die *Art* der Vereinigung der beiden Prinzipien genau bestimmt werden: Es kann nicht die eine Betrachtungsweise ganz oder zum Teil an die Stelle der anderen gesetzt werden, so daß sie auswechselbar wären. Denn an die Stelle dessen, was nach Zwecken als möglich gedacht wird, kann keine Naturnotwendigkeit kausal-effizienter Art treten, und umgekehrt: an die Stelle dessen, was nach Bewegungsgesetzen der Materie als naturnotwendig geschehend erkannt wird, kann keine Zufälligkeit (Kontingenz) treten, deren doch der Zweck als Bestimmungsgrund bedarf. Vielmehr ist das Verhältnis beider so zu bestimmen: Der Begriff des Naturzwecks gibt uns allererst einen Begriff von organischen Produkten. Insofern ist die kausal-effiziente Erklärungsweise der teleologischen Betrachtung untergeordnet, aber nur in der restriktiven Bestimmung, daß letztere nicht zur Erklärung verwendet werden kann, die vielmehr immer kausal-effizient zu sein hat. Diese Unterordnung in der gekennzeichneten restriktiven Weise ist deshalb möglich, weil die Naturforschung überhaupt unter regulativen Prinzipien der Zweckmäßigkeit steht. Denn die empirischen Wissenschaften stellen von vornherein die Natur in eine Hinsicht, dergemäß sie mit unserer Erkenntnisabsicht übereinstimmt, nämlich der

Erkenntnisabsicht, die empirischen Gesetze herauszuarbeiten und unter höhere, allgemeinere Gesetze zu bringen, aus denen jene hergeleitet werden können. Dabei handelt es sich immer nur um regulative Prinzipien der reflektierenden Urteilskraft. Der Gedanke vom Zweck als Möglichkeitsgrund von Dingen schließt den Gedanken von Mittel-Ursachen ein, deren Wirksamkeit, für sich genommen, keiner Voraussetzung eines Zwecks bedarf, also effizient-kausal ist und die doch untergeordnete Ursachen von absichtlichen Wirkungen sein können. Solche Verhältnisse sind uns aus der technischen Praxis völlig vertraut (nur daß sie dort objektive Gültigkeit haben und nicht bloß regulative). Die Stoffe, aus denen ein Haus erbaut ist, wirken nach Gesetzen der effizienten Kausalität. Sie werden jedoch in den Dienst eines Zweckes gestellt, der Unterkunft von Menschen, aus welchem sich die Gestalt des Hauses bestimmt.

In dieser Weise läßt sich 1. hinsichtlich der organischen Produkte und 2. sogar hinsichtlich des Naturganzen, der Welt also (sofern sie als zweckmäßige Zusammenstimmung aller besonderen Gesetze zur Einheit eines Systems vorgestellt wird), die Vereinigung der kausal-effizienten und der teleologischen Grundsätze denken, ohne daß etwa die Prinzipien der einen an die Stelle der anderen gesetzt werden, sondern so, daß die Materie auch dann, wenn sie Gestalten annimmt, die nur nach teleologischen Grundsätzen von uns als möglich gedacht werden können, nach kausal-effizienten Gesetzen wirkt, aber so, daß dieses Wirken von Zwecken in den Dienst genommen, also ihnen untergeordnet wird. Das gilt aber mit der wesentlichen Einschränkung: Der Grund der Vereinbarkeit dieser beiden Betrachtungsweisen liegt im übersinnlichen Substrat der Natur, welches kein Gegenstand möglicher Erkenntnis ist. Deshalb können auch nicht beide Vorstellungsarten der Möglichkeit der Naturdinge miteinander verschmolzen werden, sondern sie müssen bei ihrer gemeinsamen Anwendung streng auseinandergehalten werden, und zwar in Hinsicht auf ihre Art und ihre Grenzen. Sofern wir erklären, verfahren wir nach kausal-effizienten Prinzipien, aber so, daß wir bei bestimmten Produkten - eben den organischen, d.h. allem Lebendigen - diese zugleich nach ihrer Verknüpfung gemäß Finalursachen *beurteilen*, also denken, jedoch niemals erklären können.

Daraus ergibt sich die Grundmethode, nach welcher die Produkte und Geschehnisse der organischen (und lebendigen) Natur zu erforschen sind:

1. Es bleibt für uns unbestimmbar, welchen Anteil die effiziente Kausalität als Mittel zu Naturzwecken hat.

2. Beide Prinzipien haben den intelligiblen Grund der Natur zur gemeinschaftlichen Abkunft, der für uns unerkennbar bleibt. Also wissen wir nicht, wie weit die effizient-kausale Erklärungsweise reicht. Doch wissen wir zweierlei: einmal, daß sie die einzige *Erklärung*sweise von Naturprodukten im strikten Sinne ist, die uns Erkenntnisse liefert; sodann, daß sie, wie weit wir auch mit ihr kommen mögen, für die Dinge, die wir als Naturzwecke anerkennen, unzureichend bleibt, so daß wir sie gemäß der Beschaffenheit unseres Verstandes dem teleologischen Prinzip unterordnen müssen. Deshalb sind alle Naturprodukte, selbst die zweckmäßigsten und höchstorganisierten, nach Gesetzen der effizienten Kausalität zu erforschen, so weit nur möglich (denn die Schranke können wir nicht angeben). Dabei aber haben wir uns immer gegenwärtig zu halten, daß Gegenstände, die wir nur gemäß dem Zweckbegriff zur Untersuchung stellen können, zuerst und zuletzt im Begriff der Kausalität nach Zwecken gehalten bleiben müssen, damit wir sie überhaupt als solche im Blick behalten und sie nicht verwechseln mit anorganischen Produkten der Natur. Mit dieser Besonderheit sind wir also als Naturforscher aufgefordert, nach den Erkenntnissen der Transzendentalphilosophie Kants zu verfahren.

Das alles hat seine transzendental-ontologische Begründung erhalten. Und mit diesen Überlegungen befinden wir uns bereits im Vorhof zur eigentlichen transzendentalen Metaphysik. Wir werden sehen, daß sich der Übergang von dieser Strukturanalyse der Naturwissenschaften im Bereich der organischen Produkte zur transzendentalen Metaphysik ganz natürlich macht.

II. TEIL

DIE ENTFALTUNG DER TRANSZENDENTALEN METAPHYSIK

1. Der Begriff des Endzwecks (zu K.d.U., § 84)

Der Begriff, der den Übergang von der Wesensbegründung einer Wissenschaft von der organisch-lebendigen Natur zu der transzendentalen Metaphysik vermittelt, ist der Begriff des Endzwecks der Welt, wie ihn Kant in § 84 entwickelt. Es ist im folgenden zu zeigen, daß die Frage nach dem Endzweck der Welt natürlicherweise aus der Grundlegung einer Wissenschaft von der lebendigen Natur hervorgeht.

Zuvor ist jedoch der Begriff des Endzwecks zu erläutern. Kant bestimmt zu Beginn des § 84 den Endzweck ganz formal so: "Endzweck ist derjenige Zweck, der keines andern als Bedingung seiner Möglichkeit bedarf."[1] Das ist eine ganz formale Bestimmung. Sie erfährt eine konkretere Kennzeichnung am Ende des dritten Abschnitts dieses § 84, wo es heißt: "Ein Ding aber, was notwendig, seiner objektiven Beschaffenheit wegen als Endzweck einer verständigen Ursache existieren soll, muß von der Art sein, daß es in der Ordnung der Zwecke von keiner anderweitigen Bedingung, als bloß seiner Idee abhängig ist."[2]

An einem Beispiel sei diese Bestimmung erläutert: Ein Haus ist gewiß ein Zweck; denn es ist Gegenstand eines Begriffs, welcher der Grund seiner Herstellung und seines Daseins ist. Der Begriff stellt das Ganze des Hauses vor seiner Erbauung vor, dergestalt, daß das vorgestellte Ganze seine Teile sowohl ihrer Beschaffenheit als auch ihrer Beziehung nach bestimmt und regelt. Eine solche Vorstellung eines

---

1 K.d.U., § 84; AA V, S. 434.
2 A.a.O., S. 435.

Ganzen heißt Idee. Also hat das Haus den Seinscharakter eines Zwecks. Seine Existenz ist abhängig von seiner Idee, also von der Vorstellung dessen, was das ist, ein Haus. Aber ist es ausschließlich und allein von seiner Idee abhängig? Das würde heißen: Das, um dessentwillen das Haus da ist, ist das Dasein des Hauses selbst. Aber das ist nicht der Fall. Das Haus steht nicht da, um zu sein, sondern es ist umwillen der Behausung von Menschen, und das so sehr, daß, gesetzt, es gäbe keine Menschen mehr, Häuser aber noch daständen, die dastehenden Häuser keine Häuser mehr wären, weil ihnen das fehlt, wozu sie erbaut wurden: Wohnstätten für Menschen zu sein. Also hängt das Haus bezüglich seiner Existenz nicht allein von seiner Idee ab, sondern diese ist ihrerseits durch einen Zweck bestimmt, das Wohnen von Menschen. Daß auch dieses nicht Endzweck sein kann, braucht nicht erst gezeigt zu werden; denn das würde heißen: Menschen existieren, um in Häusern zu wohnen.

Wir können den Begriff des Endzwecks auch so kennzeichnen: Endzweck besagt ein Wozu des Seins von etwas, das auf kein mögliches andersartiges Dazu verweist. Das, was als ein solcher Endzweck existiert, ist dann *nur* von seiner Idee selbst abhängig, ohne noch einer anderwärtigen Bedingung zu bedürfen. Die Frage nach dem Endzweck der Welt fragt also, ob es ein letztes Wozu des Seienden gibt oder ob man bei jeglichem über es hinaus noch nach seinem Wozu fragen kann, so daß es ein letztes Worumwillen des Seins des Seienden nicht gibt. Möglich wäre das; die These, daß es ein letztes Worumwillen des Seins von allem nicht gibt, enthält ja keinen logischen Widerspruch.

Diese Frage nach einem letzten Wozu des Seins der Dinge kann man einfachhin stellen. Nicht so in der Philosophie. In ihr müssen alle Fragen ihrerseits begründet werden, sachlich "motiviert" sein. Deshalb erörtert Kant zuerst die *Notwendigkeit* der Frage nach dem Endzweck des Daseins der Welt. Zuerst wird gezeigt, wann diese Frage nicht gestellt werden kann, so daß auch der Versuch ihrer Beantwortung sich erübrigt. Sie kann nicht gestellt werden, wenn für die Zweckmäßigkeit, die wir in der Natur zu erkennen glauben, als Erklärungsgrund nur die effiziente Kausalität der Natur in Anspruch genommen wird, ganz gleich, ob in der Form der Kasualität oder des Fatalismus. Denn dann liegt ein idealistisches System vor: Die Zweckmäßigkeit hinsichtlich der Naturdinge besteht bloß in unseren Gedanken, ohne daß sie ein Fundament im Sein der Dinge hätte. Gibt es nur *physische* Erklärungsgründe für die Naturdinge, dann gibt es keine Kausalität aus Vernunft in der Natur, aber auch keinen Zweck, und dann ist die Frage nach einem möglichen Endzweck der Welt sinnlos.

Nehmen wir aber Zweckverbindungen in der Natur für *real* und eo ipso auch eine verständige Naturursache an (und das können wir aus den ausführlich dargelegten Gründen, wenn wir die finale Kausalität auch nicht als *Erklärungsgrund* für Naturprozesse verwenden können, sondern nur als regulatives Prinzip der reflektierenden Urteilskraft), dann können wir nicht bei der Frage stehenbleiben, wodurch einige Naturprodukte eine bestimmte Form haben, nämlich organisierte Wesen sind, oder wodurch sie in bestimmten Verhältnissen zueinander gesetzt sind, dergestalt, daß die niedrigen Organismen die Basis für die Existenz von höheren Lebensformen abgeben, sondern wir sind (bei konsequenter Denkungsart) auch veranlaßt zu fragen, wozu dergleichen Dinge denn überhaupt da sind. Das ist die Frage nach dem Endzweck des Daseins der Welt. Weshalb können wir bei den durch einen Begriff bestimmten Formen nicht stehenbleiben, also bei Dingen als Naturzwecken? Weshalb treibt dieser Begriff über sich hinaus zur Frage nach dem Endzweck des Daseins der Welt?

Der Begriff des Naturzwecks impliziert den Gedanken eines Verstandes, der als Grund der Möglichkeit solcher Naturformen gedacht wird, bei dem der Begriff des Ganzen die Beschaffenheit und die Beziehung der Teile zueinander im vorhinein bestimmt. Nun werden solche Gebilde, deren *Möglichkeit* der Verstand ist, als *wirklich* bestehend in der Natur angetroffen. Also wird der Verstand nicht nur als Grund der *Möglichkeit* organischer Naturformen gedacht, sondern auch als Grund ihrer *Wirklichkeit*. Er ist als *produktiver* Verstand gedacht. "Produktiv" heißt immer: etwas aus der bloßen Möglichkeit, nämlich seiner Präsenz im Begriff, in die Wirklichkeit führen, hervorbringen (*producere*). Deshalb ist die Frage unausbleiblich, weshalb denn der Verstand die ihrer Möglichkeit nach im Begriff (als Idee) vorgestellten Dinge auch in die raum-zeitliche Wirklichkeit geführt hat. Es muß für diese verständige, also denkende Ursache, einen bestimmenden Grund für seine Wirkung geben, und zwar einen im Denken vorgestellten Bestimmungsgrund dieses Wirkens, also einen objektiven Grund. Und dieser objektive Grund kann nur das sein, wozu dergleichen Dinge da und wirklich sind (auf das Ganze der Dinge, die Welt gesehen, der Endzweck der Welt).

Es kann aber mit dem Ansatz eines Verstandes als Grund der *Möglichkeit* von Zweckverbindungen in der Natur sein Bewenden nicht haben; denn da solche Zweckverbindungen in der raum-zeitlichen *Wirklichkeit* angetroffen werden, so muß in der Natur auch ein objektiver Grund seines *Wirkens* liegen, also ein Zweck, der den Charakter des Wozu des Daseins solcher Dinge hat, also ein Endzweck der Dinge, die in Zweckbeziehung zueinander stehen. So ergibt sich bei konsequenter Denkungsart aus dem Begriff des Naturzwecks mit Notwendigkeit die Frage nach dem Endzweck.

Nun hat Kant in § 83 ausführlich dargestellt, daß die Natur kein der Idee eines Endzwecks gemäßes Produkt hervorbringt, weil jedes existierende Naturding noch auf das Wozu seines Seins hin befragt werden kann. Das gilt nicht nur von der Natur außer uns, sondern ebenso von der Natur in uns, also von allen Vermögen, Kräften, Fähigkeiten, die uns von Natur zueigen sind, darunter auch das Denkvermögen. Auch bezüglich unserer selbst kann gefragt werden, wozu denn solch denkende Lebewesen, die wir sind, da sind. Innerhalb der Natur, zu der wir ja auch immer gehören, finden wir kein Seiendes, das als Endzweck existiert.

Nun sind wir Menschen zwar vor allen anderen Naturwesen dadurch ausgezeichnet, daß wir nach Zweckvorstellungen, also nach Begriffen wirken und insofern praktische Wesen sind. Aber auch an solche Wesen der Praxis kann wieder die Frage gerichtet werden, wozu denn solche nach Begriffen wirkenden Wesen da sind. Nun handeln wir Menschen aber nicht nur nach selbstgesetzten Zwecken, sondern wir sind uns in unserer praktischen Vernunft eines Gesetzes bewußt, welches die Übereinstimmung unserer Zwecksetzungen mit ihm fordert: eben des Sittengesetzes. Das Sittengesetz qualifiziert unseren Willen durch das Sichunterstellen unter das Gesetz dazu, sich unabhängig von Naturursachen selbst zum Wollen und Wirken zu bestimmen. Wir sind uns also einer unbedingten Kausalität in der Form der Selbstbestimmung, d.h. der Freiheit bewußt, nicht freilich, als ob wir erkennen könnten, wie Freiheit möglich ist, aber doch so, daß uns das Gesetz, nach welchem ein freier Wille wirkt, bekannt ist. Als dieser sich selbst bestimmende, freie Wille ist der Mensch nicht Naturwesen (als welches er der Kausalität nach der Natur unterliegt, was er freilich immer bleibt), sondern intelligibles Wesen, Noumenon, als welches er sich theoretisch nicht zu erkennen vermag.

Machen wir uns klar, was das heißt. Wir sind uns der Freiheit unseres Willens bewußt, weil wir das Gesetz einer frei handelnden Ursache kennen, das wir in unserer Vernunft selber tragen. Freiheit heißt: sich unabhängig von Naturursachen selbst zum Handeln, zum Setzen von Zwecken bestimmen. Das geschieht dann und nur dann, wenn wir das Sittengesetz zum Prinzip unseres Wollens machen, d.h. die inhaltlichen Zwecksetzungen in Übereinstimmung mit dem Sittengesetz halten. Das sittliche, das freie Tun ist aber nicht mehr durch eine anderwärtige Bedingung bestimmt. Es hat gemäß der Bestimmung, wonach Endzweck derjenige Zweck ist, der keines anderen als Bedingung seiner Möglichkeit bedarf, den Charakter des Endzwecks. Mit anderen Worten: Der Mensch, sofern er unter sittlichen Gesetzen steht und sich diesen in allen Zwecksetzungen unterstellt, kann nicht mehr daraufhin befragt werden, wozu oder zu welchem Zweck er existiere. Sein Dasein, zu sein unter Freiheitsgesetzen, birgt selbst schon den höchsten Zweck in sich, dergestalt, daß das Dasein der Zweck selbst ist. Hier haben wir den einzigartigen Fall, wo das Dasein eines Seienden selbst dasjenige ist, um dessentwillen es da ist. Daß die Existenz des Menschen als des nach sittlichen Prinzipien handelnden Wesens den Charakter eines Endzwecks hat, wird dann einsichtig, wenn wir mit Kant erkennen, daß die Sittlichkeit mit der Freiheit der Selbstbestimmung identisch ist. Denn Freiheit besagt *unbedingte* Kausalität. Diesem höchsten Zweck der freien, sittlichen Existenz kann der Mensch dann, soweit er es vermag, die Natur, auf die er als endliches Weltwesen angewiesen bleibt, unterstellen, oder er darf sich zum mindesten keinem naturhaften Einfluß, komme er von innen oder von außen, anheimgeben, wenn dieser dem höchsten Zweck der Existenz in freier Selbstbestimmung widerspricht. Der Mensch ist nur dann Endzweck, wenn und solange er in Wahrung seiner Freiheit existiert.

Wenn nun die Zweckbeziehungen in der Natur einer nach Zwecken wirkenden Naturursache bedürfen, also eines Verstandes, dann wäre der Mensch, als Subjekt der Moralität und der Freiheit, dem die Natur teleologisch unterzuordnen wäre, derjenige Endzweck, um dessentwillen der Verstand die im Begriff ihrer Möglichkeit nach vorgestellten Naturformen in die Wirklichkeit geführt hat. Also wäre die Existenz von Menschen unter Freiheitsgesetzen der Grund, der den produktiven Verstand bestimmt hat, die im Begriff vorgestellten Naturformen in die Wirklichkeit zu führen. Doch bedarf dieser Gedanke noch einer genaueren Ausführung. Er ist bislang nur in einem vorläufigen Umriß, gleichsam einem Schattenriß, dargestellt worden.

Zunächst ist daran zu erinnern, daß die menschliche Vernunft als das Vermögen der Erkenntnis des Seienden aus seinen Gründen aus sich selbst die Idee eines aus absoluter Notwendigkeit existierenden Wesens bildet, das von keinem Nichtsein affiziert ist und deshalb nur durch alle affirmativen Prädikate, also durch alle Seinsprädikate bestimmt ist (*ens necessarium, ens perfectissimum*), weil ohne diese Idee unbegreiflich bleibt, daß überhaupt etwas existiert, da dann das Nichtsein prinzipiell dem Sein vorangehen würde und man überhaupt nicht verstehen würde, daß etwas existiert. Aber der Verstand, das Erkenntnisvermögen im engeren und eigentlichen Sinne (denkendes Bestimmen des Seienden in seinem Was und Wie), bleibt wesenhaft hinter dieser Vernunftidee zurück, weil er sich in der Unterscheidung von Möglichkeit und Wirklichkeit aufhält. Also können wir uns von einem solchen in der Vernunft vorgestellten Wesen keinen es bestimmenden Begriff machen. Nun denken wir allerdings einen Verstand als Ursache der Möglichkeit organischer Naturformen. Deshalb erhebt sich die Frage, ob wir nicht mittels der Naturteleologie die Idee dieses Urwesens bestimmen und so eine Metaphysik aufrichten können.

Es bieten sich zwei Möglichkeiten an, mittels der Idee des Zwecks auf eine oberste Weltursache zu schließen, also eine metaphysische Theologie oder eine Onto-Theologie zu errichten:

a. Man schließt von den Zweckverbindungen der Natur, von den Naturzwecken, die uns empirisch gegeben sind, auf eine oberste Naturursache und versucht, sie in ihren Eigenschaften zu bestimmen und zu erkennen. Dieser Versuch einer Theologie heißt *Physikotheologie*.

b. Man versucht, aus dem moralischen Zweck vernünftig sittlicher Wesen innerhalb der Natur, also aus dem sittlich freien Handeln des Menschen als Noumenon, auf jene Weltursache zu schließen und ihre Eigenschaften zu bestimmen. Dieser Versuch heißt *Ethikotheologie* oder *Moraltheologie*.

Der erste Versuch geht dem zweiten in einer natürlichen Reihenfolge voraus. Denn da die oberste Weltursache zur Frage steht, auf welche von der Welt her teleologisch zu schließen der Versuch gemacht wird, so müssen zuerst auch Zwecke in der Welt gegeben sein, für die es dann einen Endzweck zu suchen gilt, der den letzten Bestimmungsgrund des Wirkens dieser obersten Weltursache enthalten würde. Kant erprobt daher zuerst den Versuch einer Physikotheologie (§ 85). Es ist ein Weg der Metaphysik, der in der Überlieferung immer wieder versucht worden ist, also eine die ganze Überlieferung beherrschende Denkweise.

2. *Die Physikotheologie (zu K.d.U., § 85)*

Es ist gezeigt worden, daß Erfahrung der organisch-lebendigen Natur ohne Ansetzung teleologischer Prinzipien nicht möglich ist, da wir uns ohne sie organische Produkte als solche nicht verständlich machen könnten. Eine derartige Naturforschung gemäß einem teleologischen Leitfaden erfordert nicht, daß wir uns die *Möglichkeit* solcher Naturprodukte verdeutlichen. Wenn wir das aber in Konsequenz unseres Denkens tun, d.h. philosophieren, dann gelangen wir zu der Einsicht, daß wir uns nach der Beschaffenheit unseres Verstandes keinen anderen Möglichkeitsgrund für jene Produkte denken können (sei es der ganzen Natur, sei es des organischen Bereichs) als eine Verstandeskausalität oder Vernunftkausalität. Für die *Erklärung* organischer Naturprozesse kommen wir damit nicht weiter. Als Erklärungsprinzip kann ein solcher Verstand nicht angewendet werden. Aber es eröffnet sich eine Aussicht, die von der Vernunft gebildete Idee eines Urwesens näher bestimmen zu können, die Aussicht auf Gründung einer metaphysischen Theologie.

Deshalb ist jetzt zu fragen: Was vermag die Naturteleologie (auch physische Teleologie genannt) bezüglich der Gründung einer metaphysischen Theologie zu leisten?

Die physische Teleologie rechtfertigt den Ansatz einer Verstandesursache der Natur als Möglichkeitsgrund der Dinge, die wir nach Zwecken beurteilen müssen, gemäß der Beschaffenheit unseres Verstandes. Aber weiter kann dieser Begriff nicht bestimmt werden, weder theoretisch noch praktisch, d.h. weder für eine Erkenntnis dieser angesetzten Ursache der Natur noch für unser Handeln und Wirken in der Welt. Die teleologische Betrachtung bleibt eine physische Betrachtung, d.h. Naturteleologie; sie reicht also nicht hin, um eine metaphysische Theologie zu gründen, und das aus folgendem Grunde nicht. Alle

Zweckbeziehungen innerhalb der Natur sind *bedingt*. Deshalb kann der Grund, wozu die Natur überhaupt existiert, also etwas Unbedingtes in ihr, niemals gefunden werden. Der Grund, wozu Natur überhaupt existiert, kann, wenn es ihn überhaupt gibt, nur *außer* der Natur gesucht werden. Die Naturteleologie, da sie es nur mit bedingten Zweckverbindungen zu tun hat, kann die Frage nach etwas Unbedingtem nicht einmal in Anschlag bringen. Das Unbedingte, dessen die metaphysische Theologie für ihre Gründung bedarf, liegt außerhalb des Fragehorizontes der Naturteleologie. Anders gesagt: Wir brauchen einen Begriff des Unbedingten, einen Begriff des Endzwecks als des letzten Wozu des Seins der Dinge, einen Begriff des Gegenstands der Weltursache, um die Idee der Gottheit bestimmen zu können, wie sie in der Vernunftidee vorgestellt wird (als aus absoluter, unbedingter Notwendigkeit existierendes *ens perfectissimum*, als dasjenige Unbedingte, dem keinerlei Sein abgeht). Einen solchen Begriff kann uns die Naturteleologie nicht geben, weil sie es ja nur mit Bedingtem zu tun hat.

Der Versuch, auf der Naturteleologie eine metaphysische Theologie aufzubauen, beruht auf Irrtümern, die sich mehr oder minder unbemerkt in die Beweisführung einschleichen. So erscheint die Aufgabe, welche sich die Physikotheologie stellt, leicht lösbar, wenn man sie entsprechend leicht ansetzt:

a) Man spricht kurzerhand jedem von uns ausgedachten Verstandeswesen den Begriff der Gottheit zu (deren es eine oder auch - wie im mythischen Polytheismus - mehrere geben kann), ein Verstandeswesen, das viele und sehr große übermenschliche Eigenschaften hat, wie sie dem intuitiven und produktiven Verstand eigen sind. Freilich fehlt gerade die entscheidende, auf die es ankommt: der Endzweck als Gegenstand seines Wirkens, denn den finden wir in der Natur nicht vor. Dann aber bleiben solche Verstandeswesen hinter der Idee der Gottheit im Entscheidenden zurück.

b) Man ergänzt den Mangel an Beweisgründen durch willkürliche Zusätze, indem man dort, wo man Grund hat, eine Vollkommenheit anzunehmen, alle möglichen Vollkommenheiten im Sinne der Gottesidee voraussetzt.

Aber wenn man nun fragt, was denn zu solchen Zusätzen berechtige, dann stellen sie sich als grundlos heraus. Denn die Prinzipien theoretischer Erkenntnis schreiben für die Erklärung eines Objektes vor, nicht mehr Beweisgründe anzusetzen, als für sie erforderlich sind. Und da genügt der Gedanke einer Verstandesursache überhaupt, weil es sich hier nur um den Grund der *Möglichkeit* gewisser Naturbildungen handelt, nicht aber um das Wozu ihres *Daseins*, das außerhalb des Horizonts der Naturteleologie liegt.

(Wir werden den grundsätzlichen, wesentlichen Mangel dieses teleologischen Gottesbeweises noch etwas explizieren und dann sehen, worin eigentlich der Schein liegt, der immer wieder dazu verführt hat, solche Beweise zu versuchen, also auf den Wegen der Naturteleologie zum Dasein Gottes zu kommen, die seit Kant endgültig abgeschnitten sind und endgültig erledigt sein sollten, es allerdings immer noch nicht sind.)

An dieser Stelle gelingt es Kant, den mythischen Polytheismus verständlich zu machen. Kant denkt hier vor allem an die antike mythische Religion. Die Griechen und Römer dachten für die einzelnen Weltbezirke zuständige Götter, übermenschliche Verstandeswesen, nach Vermögen, Absichten, Denkungsart verschieden, zugleich einem Oberhaupt unterstehend, welches die Leitung des Weltganzen zu besorgen hat (Jupiter und Zeus). Aber alle Götter, selbst das Oberhaupt nicht ausgenommen, dachten sie doch zugleich auf menschliche Weise eingeschränkt. Sie fanden nämlich, so meint Kant, einerseits bei der Naturbetrachtung Grund genug, mehr als nur kausal-effiziente Ursachen anzunehmen, nämlich nach Absichten wirkende Ursachen, also Verstandeswesen, die von höherer Art sind als wir Menschen. Andererseits fanden sie in der Welt Gutes und Böses, Zweckmäßiges und Unzweckmäßiges so sehr miteinander gemischt vor, daß sie außerstande waren, eine höchst vollkommene Weltursache anzunehmen. Und dabei, so erklärt Kant, verfuhren sie nach theoretischem Vernunftgebrauch ganz konsequent.

Fassen wir die Erörterung über die Naturteleologie im Hinblick auf die Gründung einer metaphysischen Theologie zusammen: Nach der Beschaffenheit und den Prinzipien unseres Erkenntnisvermögens können wir uns Zweckverbindungen in der Natur nicht anders denn als Produkte eines Verstandes denken. Aber ob dieser Verstand mit dem Naturganzen oder einzelnen Produkten eine Endabsicht hat, das kann diese Naturbetrachtung uns niemals eröffnen. Dazu ist ihr der Weg versperrt. Denn es bleibt unausgemacht, ob die Natursache gemäß einem Endzweck oder durch bloße Notwendigkeiten ihres Wesens Grund der Naturformen ist. Der produktive Verstand befände sich in diesem Fall in einer Analogie zu den Tieren, die zweckmäßige Gebilde herstellen ohne Zweck, d.h. ohne ihr Wozu eigens vorzustellen wie z.B. beim Nestbau der Vögel. Würde der produktive Verstand aus der Notwendigkeit seiner Natur produzieren, dann wäre ihm ein höchstes Wissen (Weisheit) nicht zuzusprechen, so daß er nicht das höchst vollkommene Wesen (*ens perfectissimum*) sein könnte, als welches die Gottheit in der Vernunftidee gedacht ist.

Also ist die Physikotheologie eine mißverstandene und mißbrauchte Naturteleologie, brauchbar allenfalls - das ist das Äußerste, was Kant ihr zugestehen kann - als *Vorbereitung* für eine mögliche metaphysische Theologie, aber ungeeignet für deren *Gründung*. Das ist der transzendentalphilosophische Bescheid über die Möglichkeit teleologischer Gottesbeweise, mit dem man nun auch endlich ernst machen sollte.

Auf die Naturteleologie läßt sich keine metaphysische Theologie gründen. Die Frage ist, wie es dem Denken auf dem anderen Weg ergeht: aus dem moralischen Zweck, aus der freien Willensbestimmung des Menschen unter der Idee der allgemeinen Gesetzlichkeit die Eigenschaften der Weltursache, also diese selbst, zu bestimmen. Die Frage ist: Ist eine Ethikotheologie möglich?

3. Die Ethikotheologie (zu K.d.U., § 86)

Kant entwickelt im § 86 "Von der Ethikotheologie" diese Theologie zuerst in einem rein begrifflichen Grundriß, so daß die Frage nach der objektiven Realität des gedanklich Entwickelten noch zurückgehalten bleibt. Der Ansatz erfolgt bei dem "gemeinen Verstand", d.h. dem Denkvermögen, sofern es allen Menschen gemeinsam ist. Dieser Ansatz ist berechtigt, weil es in uns die sittlich-praktische Vernunft gibt. Das theoretische Erkenntnisvermögen bedarf, um zum Zuge zu kommen, des Erwerbs von Kenntnissen und Erkenntnissen, es bedarf der Ausbildung. Auch für seine praktische Verwendung bedarf es technisch-praktischer und pragmatischer Kenntnisse des Umgangs mit Dingen und Menschen. Anders steht es mit der sittlich-praktischen Vernunft. Sie enthält ein Prinzip, das sittliche Gebot, das jedem Menschen als Vernunftwesen bekannt ist. Und die philosophische Ethik hat vor allem die Aufgabe, es auf eine Formel zu bringen, damit es gegen

Verdunkelung geschützt wird. Deshalb kann Kant für die Erörterung der Möglichkeit einer Ethikotheologie auf das Urteil des allen Menschen eigenen Verstandes Bezug nehmen.

Was also würde dieser Verstand sagen, wenn er auf die Zweckzusammenhänge in den verschiedenen Weltbezirken hinsieht und das Weltganze daraufhin in den Blick nimmt? Es wäre zu nichts da, also umsonst und vergeblich (*μάτην*, *frustra*), wenn es in der Welt nicht den Menschen als Vernunftwesen gäbe. Was zu nichts da ist, hat keinen Wert. Es macht am Ende keinen Unterschied, ob es existiert oder nicht. Aber es ist nicht das theoretische Erkenntnisvermögen der Vernunft, in Beziehung worauf alles erst einen Wert erhält, so als wäre die Welt für einen Weltbetrachter da. Denn wenn diese Weltbetrachtung doch nur die Vorstellung einer Welt ohne Endzweck ergibt, dann kann ihr um ihrer Erkenntnis willen auch kein Wert erwachsen. Aber der Endzweck kann auch nicht im Wohlergehen liegen (was in der Sprache des 18. Jahrhunderts Glückseligkeit heißt). Denn wenn der Mensch sein Wohlergehen zur Endabsicht macht, dann bleibt immer noch die Frage, wozu er denn überhaupt da ist. Hat sein Dasein einen absoluten Wert, ist es ein Endzweck, dann hat auch ein bestimmter Lebenszustand, sein Wohlergehen, einen Wert. Dieses besteht in der Übereinstimmung der Natur, auf welche ja das menschliche Leben wesenhaft angewiesen bleibt, mit seinem naturhaften Streben nach Wohlergehen. Nur also dann, wenn der Mensch bereits als Endzweck vorausgesetzt ist, kann eine solche Übereinstimmung des menschlichen Glückstrebens mit der Natur gefordert und zur Absicht gemacht werden. Also weder in der theoretischen Erkenntnis noch im Zustand des Wohlergehens kann der Endzweck liegen.

Es bleibt also nur noch das Willensvermögen übrig, freilich ein Wille, sofern er von sinnlichen Naturantrieben, von denen er immer auch mitbestimmt bleibt, unabhängig ist. Nur darin kann ein absoluter Wert seiner Existenz (das Worumwillen seines Daseins) liegen, nämlich in der *Freiheit der Selbstbestimmung*, welche eine unbedingte Kausalität ist. Und er handelt nur dann in Freiheit, wenn er die Maximen seines Wollens und Wirkens in Übereinstimmung mit der Idee der allgemeinen Gesetzlichkeit hält, also mit dem Sittengesetz. Es ist dies ein *innerliches* Handeln, das von außen nicht ohne weiteres erkennbar ist. Ein einfaches Beispiel: Wenn ich ehrlich handle, dann kann das aus zwei Gründen geschehen: einmal aus Besorgnis um mögliche nachteilige

Folgen der Unehrlichkeit (gemäß dem sophistischen Satz "Ehrlich währt am längsten"), sodann, weil ich selbst ehrlich sein will. Nur in diesem Fall bestimme ich mich selbst. Den freien Willen nennt Kant, weil er dem Sittengesetz gemäß ist, auch den guten Willen. Das Wesen des Guten bestimmt sich aus der Freiheit und nicht umgekehrt. Die Idee der Freiheit ist bestimmend für das, was das Gute ist. Der absolute Wert des Menschen ist daher nicht etwas, das er von Natur einfach hat, sondern er ist ihm zu eigen, sofern er ihn sich selbst je und je *gibt*.

Danach wäre es der gute Wille, wodurch das Dasein des Menschen einen absoluten Wert hat und in Beziehung auf den das Dasein der Welt einen Endzweck haben kann. (Der Endzweck der Welt muß selbst welthaft sein, kann also nicht etwa in dem Weltgrund selbst liegen. Der Mensch ist nun ein Weltwesen, ein zur Welt gehörendes Wesen). Nur dann also, wenn der Mensch das Freiheitsgesetz zum Bestimmungsgrund seines Handelns macht, ist seine Existenz mit dem Endzweck identisch, so daß er der Endzweck selbst ist.

Nun treffen wir in der Welt Zweckverbindungen an, die alle nur bedingt sind. Wenn wir diese auf einen unbedingten obersten Zweck, Endzweck genannt, beziehen, so ergibt sich das Folgende:

1. Es ist dann nicht mehr von einem Zweck *innerhalb* der Natur die Rede (der ja immer nur bedingt ist), sondern von dem *letzten Zweck der Welt selbst* mit allem, was zur Welt gehört.

2. Dieser letzte Zweck der Welt selbst impliziert aber auch die Bedingung, unter welcher er allein sein kann: Er kann nur sein, wenn er der Bestimmungsgrund eines höchsten Verstandes für die Hervorbringung der Welt und der Weltwesen ist. D.h. der Endzweck gibt uns den Bestimmungsgrund der Verstandesursache für die Hervorbringung der Welt. Und so wäre auf diese Weise ein bestimmender Begriff der Verstandesursache der Welt gewonnen.

Daraus erwachsen bedeutsame Folgen:

1. Wenn wir den Menschen als den letzten Zweck der Welt - ihren letzten, nicht ihren einzigen - anerkennen, dann haben wir einen Grund, die Welt als ein *System* von Zwecken anzusehen. Denn wir haben dann eine alle möglichen Zweckverbindungen in sich befassende einheitliche Hinsicht gewonnen, und zwar auch dann, wenn wir faktisch nicht imstande sind, die Welt als das Ganze eines Systems von Zweckverbindungen empirisch zu erkennen.

2. Gemäß der Beschaffenheit unserer Vernunft beziehen wir die Naturzwecke auf eine Verstandesursache überhaupt. Aber wir haben nun ein Prinzip bekommen, nach welchem wir das Wesen und die Eigenschaften der obersten Weltursache *denken*, d.h. ihren Begriff bestimmen können (was freilich noch nicht heißt, ihre Existenz zu beweisen).

Wir denken das Prinzip der Kausalität der Weltursache als bestimmt durch den Endzweck: die Existenz von vernünftigen Wesen unter Freiheitsgesetzen in der Welt. Also denken wir die Weltursache nicht allein als gesetzgebend für die Natur, sondern auch für den *moralischen Bereich der Zwecke*, für die sittliche Welt oder - in einer späteren Formulierung, die aus dem Deutschen Idealismus stammt - für die geistige, für die geschichtliche Welt.

Nun sieht es so aus, als ergänze die moralische Teleologie die physische zu einer metaphysischen Theologie, wozu diese, auf sich allein gestellt, nicht imstande wäre. Aber so verhält es sich nicht. Das Prinzip der Beziehung der Welt (wegen der moralischen Zweckbestimmung von Wesen in ihr, der Menschen) auf eine oberste Weltursache dient nicht allein und nicht einmal primär einer Ergänzung der Physikoteleologie, so, als ob diese ihr zugrunde liegen müsse, denn sie besteht auch für sich selbst. Umgekehrt lenkt sie die Aufmerksamkeit auf Zwecke in der Natur und kann daher ein eindringenderes Nachforschen nach verborgenen Naturzwecken veranlassen. Der tragende Begriff von Weltwesen unter Freiheitsgesetzen ist ein Prinzip a priori, nach welchem der Mensch sich notwendig beurteilt. Es bedarf keiner empirischen Bewahrheitung, es kann äußerstenfalls an Naturzwecken eine akzidentelle Bestätigung erfahren, ohne ihrer zu bedürfen.

Aber es folgt aus der moralischen Zweckbestimmung von Weltwesen noch ein anderer wesentlicher Gedanke: Wenn es eine nach Zwecken wirkende Weltursache gibt und wenn diese auch einen Endzweck hat, dann ist das sittlich-freie Verhältnis von Weltwesen eine ebenso notwendige Bedingung für die Möglichkeit einer Welt, wie es die physischen Gesetze sind. Dieser Satz leuchtet von sich her ein. Es fragt sich dann nur, ob wir einen hinreichenden Grund haben, der Weltursache einen Endzweck zuzusprechen und welcher das denn sei. Das kann nur, nach Maßgabe unserer Einsicht, der Mensch unter moralischen Gesetzen sein.

Gibt es also eine nach einem Endzweck wirkende Weltursache, dann kann die Welt ohne Zweckordnung nicht bestehen, dann ist die Zweckordnung eine Seinsverfassung der Welt selbst. Dieser Gedanke, für den die objektive Realität nicht erbracht ist, kann nur aufgrund der moralischen Teleologie gefaßt werden. Die physische Teleologie ist dieses Gedankens, daß die Welt ohne Zweckordnung nicht bestehen könnte, von sich her nicht fähig.

Bei all dem ist immer gegenwärtig zu halten, daß es bisher nur darum geht, für die von der Vernunft gebildete Gottesidee einen bestimmenden Begriff zu finden. Das ist über den Begriff des Endzwecks auch gelungen. Aber ob diesem Begriff auch *objektive* Realität zukommt, ob ein solches Urwesen, also ein moralischer Welturheber, existiert, das ist damit noch längst nicht entschieden. Anders gesagt: Der Aufriß der Ethikotheologie ist rein begrifflicher Art. Er hält sich im Umkreis der reflektierenden, nicht der bestimmenden Urteilskraft.

4. Der moralische Gottesbeweis (zu K.d.U., §§ 87 u. 88)

In den beiden §§ 87 und 88 der "Kritik der Urteilskraft", überschrieben: "Von dem moralischen Beweise des Daseins Gottes" und "Beschränkung der Gültigkeit des moralischen Beweises" mit einer hinzugefügten "Anmerkung", übernimmt Kant die Aufgabe, dem bestimmenden Begriff der Gottesidee, der aus der moralischen Teleologie gewonnen ist, die objektive Realität zu erbringen. Dieser Beweis durchläuft mehrere Gedankengänge, in denen sich die ganze transzendentale Metaphysik versammelt und aus denen sie sich in ihrer Ganzheit entfaltet. So wie auf seinem Gipfel ein Berg erst als der zu sein beginnt, der er ist, so bildet der moralische Gottesbeweis den Wesensbeginn der transzendentalen Metaphysik.

Der Beweis ist jetzt in seinen Hauptschritten vorzuführen: Die Physikoteleologie gibt für die reflektierende (nicht für die bestimmende) Urteilskraft einen hinreichenden Grund für die Ansetzung einer Verstandesursache der Welt. Sie veranlaßt uns also, über die empirische Naturvorstellung hinaus auf den Möglichkeitsgrund organischer Produkte zuzudenken. Anders steht es mit der moralischen Teleologie, die wir in uns selber finden. Denn wir stellen uns selbst als nach Zwecksetzungen handelnde Wesen vor, und zwar so, daß wir in uns selbst den Begriff eines vernünftigen, nach dem Freiheitsgesetz handelnden, also mit unbedingter Kausalität begabten Wesens vorfinden, dergestalt, daß die Idee der Freiheit uns gebietet, in all unserem Wollen mit ihrem Gesetz in Übereinstimmung zu bleiben, welches das Sittengesetz ist. Diese Zweckbeziehung, d.h. das Bestimmtsein aller möglichen Zwecksetzungen durch das Freiheitsgesetz, kann von uns a priori als notwendig erkannt werden. Sie bedarf daher nicht einer Verstandesursache außerhalb ihrer als Grund der Gesetzmäßigkeit, wie die physischen Zweckbeziehungen allerdings eines solchen Grundes ihrer Möglichkeit bedürfen. Diese uns Menschen als Vernunftwesen eigene moralische Teleologie erfordert als solche keinen Überschritt über die Welt hinaus. Sie ist vielmehr unserer Vernunft immanent.

Ebensowenig haben wir Ursache, sagt Kant, wenn wir an einer geometrischen Figur viele für die Praxis zweckmäßige Eigenschaften wahrnehmen, deshalb die geometrischen Gebilde in einem göttlichen Verstand als Grund solcher Zweckmäßigkeiten zu gründen. Es scheint also auf den ersten Blick gar keine Beziehung der moralischen Teleologie in uns auf eine verständige Weltursache zu bestehen.

Nun betrifft uns aber die moralische Teleologie nicht als reine, weltlose Vernunftwesen, sondern als *Weltwesen*, die mit anderem in der Welt in mannigfachen Beziehungen stehen: mit solchem, das den Charakter des Zwecks hat, d.h. mit von uns hervorzubringenden oder mit vorhandenen Gebrauchsdingen, im Hinblick auf die wir Endzweck sind, sodann mit Seiendem unseresgleichen, die wir als Endzweck anzuerkennen haben, so wie wir auch für sie Endzweck sind, d.h. unter Freiheitsgesetzen stehen. Die moralische Teleologie betrifft also die Beziehung unseres Wirkens auf Seiendes, das Zweckcharakter, und auf Seiendes, das Endzweckcharakter hat, ferner aber die Beziehung der Welt auf die Möglichkeit der Realisierung des Endzwecks in der Welt, d.h. innerhalb der Natur. Deshalb stellt sich die Frage ein, ob wir nicht genötigt sind, diese Beziehung der Natur auf das Sittliche oder die Freiheit in uns in der Hinsicht als zweckgemäß vorzustellen, daß der Endzweck auch in der Welt realisiert werden kann, daß also freie Existenzen auch in der Welt wirklich sind, und ob wir deshalb nicht über die Welt hinausdenken und ein verständiges Prinzip suchen müssen, nämlich als Grund der Möglichkeit, den Endzweck auch in der Welt auszuführen. Also verbindet die moralische Teleologie, weil sie uns als Weltwesen betrifft, die Gesetzgebung der Freiheit mit der Natur.

Kant verdeutlicht dieses Problem an einem Sachverhalt, der zwar nicht mit ihm identisch ist, aber in Analogie zu ihm steht, an der politischen Freiheit. Sie ist dann verbürgt, wenn die Gesetze, nach denen eine Gemeinschaft lebt, als die für alle gleichen, aus dem Willen aller entspringend gedacht werden können. Dann haben wir es mit einem politischen Körper zu tun, der unter Freiheitsgesetzen steht. Aber mit dieser freiheitlichen Gesetzgebung als solcher ist es nicht getan. Ihre Idee schickt uns noch auf die Suche nach dem Prinzip der Wirklichkeit einer freiheitlichen Gesetzgebung. Und dieses kann nur in einer Exekutive gefunden werden, in einer Gewalt also, welche den freiheitlichen Gesetzen Wirksamkeit und so Wirklichkeit verleiht: in der Staatsgewalt.

Die Frage ist einfach die: Wie kann die Idee der sittlichen Freiheit in der Welt, d.h. also in der Natur als Basis der Welt, wirklich und wirksam werden?

Wenn das Dasein bestimmter Dinge oder gewisser Formen der Dinge als zufällig im Sinne der Kontingenz angenommen wird, d.h. durch etwas anderes als Ursache bestimmt ist, dann sucht man den bestimmenden Grund entweder in einer effizienten oder in einer finalen Kausalität. D.h. man kann fragen: Welches ist die hervorbringende Ursache? Oder: Welches ist der oberste, unbedingte Zweck, d.h. der Endzweck der Hervorbringung? Bei der zweiten Frage ist vorausgesetzt, daß die Ursache einer Vorstellung von Zwecken fähig sei oder - transzendental-kritisch formuliert - daß die Ursache nach den Gesetzen unseres Verstandes nur so von uns gedacht werden kann, daß sie also eine verständige Weltursache sei und nicht eine vernunftlose.

Wenn wir uns nun in der teleologischen Fragerichtung bewegen, dann kann als ausgemacht gelten, daß, wenn es einen Endzweck der Welt geben soll, dieser kein anderer sein kann als der Mensch (als vernünftiges Wesen) unter moralischen Gesetzen.

Nun macht aber das moralische Gesetz nicht nach jeder Hinsicht die Freiheit aus. Kant nennt es die *formale* Vernunftbedingung des Gebrauchs unserer Freiheit (§ 87). Beim Willen ist nämlich zwischen Form und Materie des Wollens zu unterscheiden. Die Materie ist das, was ich jeweils will, der Inhalt des Wollens, das jeweilige Ziel. Die Form ist der Grundsatz des Wollens, demgemäß ich will. Die Gegenstände, die Inhalte, also in der Kant'schen Sprache die Materie des Wollens, werden der Erfahrung entnommen. Es sind die Gegenstände der Bedürfnisses des Menschen, der als ein endliches Wesen seine Realität nicht selbst genugsam in sich selbst und aus sich selbst hat, sondern, um zur Realitätserfüllung zu gelangen, auf Gegenstände außer ihm angewiesen bleibt. Die Befriedigung der Bedürfnisse nach möglichst großem Umfang, möglichst großer Dauer und Intensität heißt in der Sprache des 18. Jahrhunderts "Glückseligkeit". Also ist einem jeden endlichen Wesen, das seine Realität nicht aus sich selbst zu schöpfen vermag, das Streben nach Glückseligkeit von Haus aus und wesensgemäß eigen. Die Grundsätze, nach denen der Mensch handelt (in der Sprache Kants: Maximen), stehen unter der Forderung, dem Sittengesetz gemäß zu sein, d.h. der Idee der Gesetzlichkeit als solcher. Daher lautet die Formel des Sittengesetzes: "Handle so, daß die Maxime deines Willens jederzeit zugleich als Prinzip einer allgemeinen Gesetzgebung gelten könne."[3] Das Sittengesetz hat zum Inhalt allein die Gesetzlichkeit der Maximen des Wollens als solche. Es ist daher die formale Bedingung des Gebrauchs unserer Freiheit. Es ist für sich allein verbindlich und hängt nicht von irgendeiner materialen Zwecksetzung ab. Aber wir können aus dem Sittengesetz niemals entnehmen, was wir jeweils erstreben. Denn das entnehmen wir der Erfahrung. Aber es bestimmt, weil es unbedingt ist, uns doch einen Endzweck. Kant nennt ihn das höchste durch Freiheit mögliche Gut in der Welt. Dieses ist nicht allein durch das Sittengesetz bestimmt, das nur die formale Bedingung des Gebrauchs unserer Freiheit ist, sondern es ist durch zwei Momente gekennzeichnet:

1. Als endliches Weltwesen strebt der Mensch von sich her nach Realitätserfüllung, die er nicht in sich selbst schon hat, also - in der Sprache des 18. und auch des 19. Jahrhunderts - nach Befriedigung seiner Bedürfnisse, die bei den einzelnen Menschen gemäß ihrer Individualität, ihrer Begabung, ihrer Veranlagung oft sehr verschieden sind (es gehören auch die intellektuellen Bedürfnisse dazu), also *subjektiv* sind.

2. Es gibt eine objektive Bedingung, die für alle Vernunftwesen in gleicher Weise gültig ist: die Tauglichkeit der Handlungsmaxime zur allgemeinen Gesetzgebung. Folglich ist das von uns zu erstrebende

---

3 K.d.p.V., § 7.

höchste in der Welt mögliche Gut das Glücklichsein des Menschen unter der Bedingung der Einstimmung seines Wollens mit dem Gesetz der Freiheit oder Sittlichkeit: Glücklichsein gemäß der Würdigkeit, glücklich zu sein.

Ergänzend ist zu dieser Wesensbestimmung des höchsten Gutes in der Welt zu bemerken: Wollen (Wirken nach Begriffen) ist immer ein *Etwas*-Wollen. Das Wollen hat einen Inhalt, eine Materie. Diese ist dem Sittengesetz (Freiheitsgesetz) nicht zu entnehmen, da es nur die Form des Wollens betrifft, nämlich daß die Maxime des Wollens mit dem Sittengesetz übereinstimmt. Die inhaltliche Bedingung des höchsten Gutes ist die Glückseligkeit, die Form die Zusammenstimmung des Strebens nach ihr mit dem Sittengesetz. Beide gehen eine Einheit ein. Sie vereinigen sich zu einem einigen Ganzen, dem höchsten Gut in der Welt. Von dieser Vereinigung bleibt das Sittengesetz unberührt; denn es ist von jedem Zweck als materialer Bedingung des Wollens unabhängig. Die Materie des Wollens aber wird durch die Einigung mit dem Sittengesetz modifiziert. Sie nimmt Teil an der Allgemeingültigkeit und Allgemeinheit des Sittengesetzes, so daß es dem Menschen auferlegt ist, das *Weltbeste überhaupt* (und nicht nur für sich, für seine Einzelperson) zu wollen, d.h. soweit es in seinen Kräften steht, zu fördern. Deshalb hat der Endzweck den Charakter einer praktischen Notwendigkeit, also den Charakter von etwas, dessen Vollbringen dem Menschen obliegt.

Der Endzweck der Welt hat erst jetzt seine volle Bestimmtheit gewonnen. Zuerst (und lange Zeit) hieß es: der Endzweck der Welt bestehe im Dasein von Menschen unter moralischen oder Freiheitsgesetzen. Diese Formel ließ aber noch offen, von welcher Seinsart der Mensch denn sei. Er ist ein endliches, nach Realitätserfüllung strebendes Wesen, das seine Realität nicht aus sich selbst zu schöpfen vermag und deshalb auf die Natur außer ihm angewiesen bleibt. Er ist ein Wesen der Bedürfnisbefriedigung, also ein nach Glückseligkeit strebendes Wesen. So erfährt der Begriff des Endzwecks seine Konkretion: Es ist das Glücklichsein des Menschen unter der Bedingung der Einstimmigkeit seines Strebens mit dem Sittengesetz, welches ihm seine Würde als Mensch verbürgt. (Heute ist die Rede von der Selbstverwirklichung des Menschen in Umlauf gekommen, eine völlig unbestimmte Redeweise, die zudem auch noch leicht zu Fall zu bringen ist, nämlich durch die Gegenfrage, ob denn ein tyrannisch veranlagter

Mensch auch ein Recht auf Selbstverwirklichung habe und, wenn nicht, weshalb nicht. Man täte besser daran, sich die Bestimmung Kants zu eigen zu machen, wenn man die Frage zu beantworten versucht, worauf es für den Menschen als Menschen ankommt und wie demgemäß die gesellschaftlichen und politischen Verhältnisse einzurichten und zu ordnen seien.) Anders gesagt: Das höchste Gut auf dieser Welt, der Endzweck, besteht nach Kant nicht schon in der Erfüllung sittlicher Pflichten, sondern im Glücklichsein unter der Bedingung der Erfüllung sittlicher Pflichten, d.h. der Selbstbehauptung der Freiheit.

(Sollten wir uns diesen Gedanken Kants nicht zu eigen machen und daraus einmal deduzieren, wie politische und gesellschaftliche Verhältnisse zu sein haben, damit so etwas möglich wird, anstatt einem gesellschaftlichen Dogmatismus anzuhängen oder ständig und unaufhörlich die "freiheitlich demokratische Grundordnung" im Mund zu haben?)

Und nun erfolgt der entscheidende Schritt im Beweisgang: Der Endzweck ist uns durch die praktische Vernunft als zu vollbringend aufgegeben. Er hat den Charakter einer praktischen Notwendigkeit, die - wie alles durch Praxis Mögliche - nur in Freiheit von uns zu vollbringen und zu übernehmen ist. Nun enthält der Endzweck zwei Erfordernisse: Glück als Realitätserfüllung oder Befriedigung der Bedürfnisse und die Einstimmung des Strebens nach dem Glück mit dem Gesetz der Sittlichkeit. Beide werden im Begriff des höchsten Gutes als vereinigt gedacht. Jedes einige Ganze, das aus Teilen besteht - das höchste Gut besteht aus zwei Bestandteilen -, bedarf eines Grundes seiner Einheit und Ganzheit. Wo finden wir diesen Grund? In der Natur, in Angewiesenheit auf die wir leben und innerhalb derer wir uns allein realisieren können? Natururursachen wirken als solche nicht nach moralischen Gesetzen. Wir können uns also die beiden Erfordernisse des Endzwecks unmöglich als durch Natururursachen vereinigt und so der Idee des Endzwecks angemessen vorstellen. Folglich stimmt der Begriff von der praktischen Notwendigkeit eines solchen Endzwecks mit unserem theoretischen Begriff von der physischen Möglichkeit seiner Bewirkung nicht zusammen. Zwar sind auch wir mit unserem Vermögen innerhalb der Natur auf diese einwirkende Natururursachen. Aber auch die äußerste Anwendung unserer Kräfte, wie sehr auch erweitert und verstärkt durch Anwendung von erkannten Naturgesetzen auf die Praxis in der Form der Technik, vermag doch nicht von sich her schon die Einheit eines freiheitlich-sittlichen Wollens und Handelns und ein diesem entsprechendes Glücklichsein zustande zu bringen. Wenn aber unsere Freiheit nur mittels der Natur den aufgegebenen Endzweck zu realisieren vermag, dann bleibt die Möglichkeit seiner Realisierung uneinsichtig. Um also die Bewirkbarkeit des uns aufgegebenen Endzwecks auch nur für möglich zu halten, müssen wir eine Kausalität annehmen, welche die unsrige ergänzt, nämlich eine solche, welche die Zusammenstimmung der Natur mit der sittlichen Freiheit in uns verbürgt. Die Ursache einer solchen Kausalität kann nur eine moralische Weltursache sein, keine bloße Naturursache, und sei sie auch die Ursache der Natur selbst, also etwa der produktive Verstand. Daraus folgt: Soweit es notwendig ist, uns den Endzweck zum Vorsatz zu machen, ist es notwendig anzunehmen, es sei eine moralische Weltursache, es sei ein Gott. Soweit (d.h. in demselben Grade und aus demselben Grund) als es notwendig ist, den Endzweck in unser Wollen und Wirken aufzunehmen, soweit ist die Annahme des Daseins eines Gottes notwendig.

Kant hat diesen Beweis zunächst in der kürzesten Form vorgetragen. Da sich in ihm die gesamte transzendentale Metaphysik implizit zusammendrängt, bedarf er ausführlicher Erörterungen, die nicht minder wesentlich sind als der vorgetragene Beweis selbst, ja, durch die der Beweis erst seine volle Gestalt erhält.[4]

Kant grenzt zunächst aus, was der Beweis *nicht* besagt: Er besagt nicht, das Dasein eines Gottes sei mit derselben Notwendigkeit anzuerkennen wie die Gültigkeit des Sittengesetzes, mit der Folge, daß man sich dann, wenn man sich vom Dasein Gottes nicht überzeugen kann, auch von den sittlichen Verbindlichkeiten lossagen könne, etwa in der Redeweise: "Es gibt keinen Gott, also sind auch alle sittlichen Gesetze nicht verbindlich; alles ist erlaubt." Oder in Umkehr von seiten der Religiösen: "Menschen, die nicht an Gott glauben, sind unsittliche Naturen, Nihilisten, Anarchisten, Verbrecher." Für solche Auffassungen gibt Kant keinen Rechtfertigungsgrund. Auch verbürgt der Glaube an Gott als solcher noch nicht eine sittlich-freiheitliche Denkungsart, wie das die Geschichte des Christentums durch zahllose Beispiele demonstriert hat. Wohl aber müßte, wenn man das Dasein Gottes überhaupt nicht annimmt, etwas Wesentliches aufgegeben werden von seiten des Menschen: nicht die Befolgung der sittlichen Gebote, aber die *Beabsichtigung* des durch die Befolgung zu bewirkenden Zwecks (der mit der

---

4 K.d.U., § 87; AA V, S. 450ff.

Befolgung des Sittengesetzes zusammentreffenden Glückseligkeit des Menschen, des höchsten Weltbesten), da dessen Bewirkung ohne eine Ergänzung durch die Kausalität einer moralischen Weltursache nicht als möglich zu denken ist. Gleichwohl würde sich jedes vernünftige Wesen durch das Sittengesetz und Freiheitsgesetz verpflichtet wissen. Denn dieses gebietet nur formal, es betrifft überhaupt nicht den Inhalt unseres Wollens, sondern nur die Grundsätze, denen gemäß wir handeln. D.h. ob man nun den Endzweck für möglich hält oder nicht, das Sittengesetz und das Freiheitsgesetz bleiben davon unberührt. Also kann ein Mensch, der an das Dasein Gottes nicht glaubt, durchaus ein zuverlässiger und freiheitsliebender Mensch sein.

Der Endzweck besteht aus zwei Bedingungen: Die eine liegt in der endlich bedürftigen Natur des Menschen, aus welcher das Streben nach Realitätserfüllung, also nach Glücklichsein wesensnotwendig erwächst. Die Vernunft unterstellt dieses dem Menschen wesenseigene Streben dem Sittengesetz als der unverletzbaren Bedingung. Da nun die Vernunft das allen Menschen gemeinsame Allgemeine ist, so setzt sie den Endzweck als etwas gemeinsam Gutes dem Menschen zur Aufgabe. Ob diese Aufgabe gelingt und wieweit sie gelingt, berührt das sittliche Gebot als solches nicht. Es steht also für sich selbst und durch sich selbst auch nicht für das Gelingen ein.

Daraus folgt: Gesetzt, ein Mensch sage sich, es ist kein Gott (aufgrund der Schwäche aller theoretischen Beweisversuche oder angesichts der vielen Zweckwidrigkeiten in der Natur und der Ungerechtigkeit in der sittlichen Welt), so müßte er doch in seinen Augen sich selbst verachten, wenn er deshalb auch die sittlichen Gesetze bloß für imaginär, ungültig und deshalb unverbindlich hielte. Denn er gäbe die Freiheit preis, in welcher die Würde des Menschen besteht. Ja, sogar auch dann, wenn er sich vom Dasein Gottes überzeugen ließe und nur deshalb seine Pflichten zu erfüllen bereit wäre, nämlich aus Furcht oder in lohnsüchtiger Absicht, blieb er verächtlich.

Aber auch umgekehrt: Wenn ein Gläubiger die sittlichen Gesetze aufrichtig und uneigennützlich befolgt und zugleich erklärt, für den Fall, daß er eines Tages überzeugt sein werde, es sei kein Gott, werde er sich von allen sittlichen Verbindlichkeiten frei glauben, so wäre es um dessen moralische Gesinnung und sein Freiheitsbewußtsein ganz schlecht bestellt.

Der *nervus probandi* des Beweises besteht also darin: Soll der uns von der praktischen Vernunft aufgegebene Endzweck auch nur als möglich, als realisierbar gedacht werden können, so ist die Annahme des Daseins eines Gottes notwendig. Denn nur die Kausalität einer moralischen freien Weltursache vermag das zu ergänzen, was unsere Freiheit auch bei Aufbietung aller Kräfte nicht vermag: die Übereinstimmung der Natur und der sittlichen Freiheit in uns zustande zu bringen.

Hölderlin hat in einem der spätesten Gedichte diesen Gedanken dichterisch ausgesprochen, so daß man sehen kann, wie ein großer Denker und ein großer Dichter sich in einer sich selbst nicht kennenden Nachbarschaft befinden können, und zwar dadurch, daß jeder, ohne des anderen zu achten, ohne von ihm zu wissen, geradezu seinen Weg gegangen ist. Das kurze Gedicht heißt:

"Die Linien des Lebens sind verschieden,
Wie Wege sind, und wie der Berge Grenzen.
Was hier wir sind, kann dort ein Gott ergänzen
Mit Harmonien und ewigem Lohn und Frieden."[5]

Kant führt im § 88 unter dem zurückhaltenden Titel "Beschränkung der Gültigkeit des moralischen Beweises" das Beweisgefüge in seiner vollen Struktur vor.

Vernunft im engeren Sinn ist das Vermögen der Ideen, d.h. von der Vernunft notwendig gebildeter Begriffe, denen kein Gegenstand in der Anschauung, in welcher uns allererst Gegenstände für eine mögliche Erkenntnis gegeben werden, zu entsprechen vermag, denen also theoretisch die objektive Realität nicht erbracht werden kann. Objektive Realität eignet dann einem Begriff, wenn der begriffliche Gehalt gegenständlich belegt werden, d.h. als Gehalt eines auch außerhalb des Begriffes existierenden Gegenstandes nachgewiesen werden kann. Solche Vernunftideen sind: das Weltganze, das ja niemals Gegenstand einer Wahrnehmung werden kann, da alles Wahrgenommene immer nur Teil des Weltganzen ist, sodann der Begriff des *ens necessarium* oder *ens perfectissimum* sowie auch der Begriff der Freiheit, nämlich

---

[5] Friedrich Hölderlin: "An Zimmern". Sämtliche Werke. Hrsg. von Friedrich Beißner. Frankfurt a.M., Wien, Zürich o.J., S. 426.

das Vermögen, in der Welt ganz von sich her eine Reihe von Geschehnissen anfangen zu können. Kant nennt sie transzendentale Ideen.

Nun ist die Vernunft aber auch ein praktisches Vermögen, sofern der Mensch handelt, indem er den zu bewirkenden Gegenstand im vorhinein im Begriff vorstellt, so daß der Begriff das Wirken regelt. Auch die praktische Vernunft enthält Ideen, d.h. reine, aus ihr selbst entspringende, das Wollen bestimmende Begriffe: die sittlichen Begriffe, die den Willen in der Weise der Selbstbestimmung (Kausalität aus Freiheit) leiten. Auch diese sittlichen Begriffe können in keiner Wahrnehmung dargestellt werden, aber sie beweisen ihre objektive Realität durch die Tat; denn sie bestimmen den Willen, der ein innerhalb der Welt wirkendes Wirkvermögen, also etwas Wirkliches ist, und geben sich so selbst als etwas Wirksames und deshalb Wirkliches zu erkennen, ohne daß theoretisch einsehbar wäre, wie die Vernunftbegriffe den Willen bestimmen können, also wie Freiheit möglich ist. Denn Freiheit ist eine intelligible Kausalität, kann also in keiner Sinnesanschauung dargestellt werden, auf welche die theoretische Erkenntnis angewiesen bleibt. Das in der praktischen Vernunft enthaltene Sittengesetz ist ein regulatives Prinzip nicht des bloßen Denkens (wie wir uns Freiheit zu denken haben, nämlich als Selbstbestimmung), sondern des Handelns selbst - sofern wir ihm unseren Willen unterstellen. Aber, wie wir gesehen haben, gibt uns die reine praktische Vernunft auch ein Objekt an die Hand, welches durch unsere Handlungen in der Welt gemäß dem Sittengesetz verwirklicht werden soll: das Weltbeste, das in der Verbindung des allgemeinen größten Wohlergehens mit der gesetzmäßigen Freiheit und Sittlichkeit besteht. So enthält die praktische Vernunft nicht nur ein regulatives Prinzip unserer Handlungen (das moralische Prinzip), sondern sie ist auch konstitutiv, d.h. objektbegründend, sofern sie uns ein Objekt vorstellt, das wir mit allen Kräften zu verwirklichen gehalten sind: das größte Wohl der Menschen in Übereinstimmung mit dem Gesetz der Sittlichkeit. Die praktische Vernunft enthält also ein subjektiv-konstitutives Prinzip, konstitutiv, weil ein Objekt begründend, subjektiv, weil sie nur etwas bezüglich des Menschen, des Subjektes der Vernunft und Moralität bestimmt, nicht aber etwas bezüglich der Welt, des Inbegriffs der Objekte.

Fassen wir nun den von der Vernunft vorgestellten, von uns zu verwirklichenden Gegenstand, den Endzweck also, genau ins Auge, dann zeigt sich, daß er aus heterogenen Teilen besteht: Der eine, das größtmögliche Wohl der Menschen, ist empirisch bedingt. Denn er hängt in der Hinsicht von der Beschaffenheit der Natur ab, ob diese auch mit jenem Zweck des größtmöglichen Wohls der Menschen übereinstimmt oder nicht. Und diese Frage vermag die theoretische Vernunft nicht zu beantworten. Denn Natur als Gegenstand theoretischer Betrachtung verläuft nach Naturgesetzen. Und es ist darauf aufmerksam zu machen, daß das Verhältnis des Menschen zur Natur primär theoretisch ist, und zwar auch dann, wenn dieses Verhältnis sich noch nicht (wie in mythischen und magischen Zeiten) zu theoretischen Wissenschaften ausgebildet hat. Deshalb hat alles technisch-praktische Umgehen mit Naturdingen sein *Fundament* im Theoretischen. Der eine Teil des Endzwecks ist also empirisch bedingt, sofern er von der Beschaffenheit der Natur abhängt, die primär Gegenstand theoretischer Erkenntnis ist. Und in theoretischer Hinsicht bleibt es problematisch, ob die Natur mit dem Endzweck übereinstimmt oder nicht. Hingegen steht der andere Teil, die Sittlichkeit - die gesetzliche Freiheit -, in der wir ja von Naturursachen frei sind, in unbedingter Gewißheit fest. (Es ist dies ein Gesetz, das unserer Vernunft unabhängig von aller Erfahrung innewohnt, weshalb die sittliche Erziehung auch nur darin bestehen kann, daß man auf dieses Gesetz, das jeder Menschenvernunft innewohnt, aufmerksam macht.)

Problematisch ist also der erste Teil des Endzwecks, und um diesen geht es im folgenden. Angesichts des problematischen Charakters dieses Teils bleibt die Frage, ob der Begriff des Endzwecks überhaupt objektive, welthafte Realität besitzt und wie sie nachgewiesen werden kann. Im verneinten Falle müßte der Endzweck als Gegenstand menschlichen Strebens aufgegeben werden, wenn auch der zweite Teil, die Sittlichkeit, in unangetasteter Gültigkeit bestehen bleibt. Aber die Frage, *wozu* solche Wesen wie wir Menschen sind - Weltwesen unter moralischen Gesetzen -, bliebe dann ohne Antwort.

Die Frage lautet also zunächst: Kann die objektive Realität des Begriffs des Endzwecks dargetan werden, und zwar für die *theoretische* Vernunft? Das fordert die Vernunft, denn es kommt ja die Beschaffenheit der Natur mit ins Spiel, welche primär Gegenstand theoretischer Erkenntnis ist. Zur objektiven theoretischen Realität des Begriffes des Endzwecks (bei welchem die Beschaffenheit der Natur mit im Spiel ist) wird nicht nur gefordert, daß wir, das Subjekt der Vernunft und Sittlichkeit, einen Endzweck haben, sondern auch, daß die Natur, also die

Welt ihrer Existenz nach einen Endzweck habe. Hat sie einen Endzweck, dann können wir diesen nicht anders denken, als daß er mit dem uns von der praktischen Vernunft aufgegebenen Endzweck übereinstimmt. Läßt sich nun in der Welt ein Endzweck ihres Daseins finden? Gewiß, wir finden in ihr mannigfaltige Zwecke, wie sie die physische Teleologie feststellt. Aber einen Endzweck suchen wir in ihr vergeblich. Also muß dieser, wenn es ihn überhaupt geben soll, allein in vernünftigen Wesen gesucht werden. Und in der Tat: Die *praktische* Vernunft vernünftiger Wesen gibt uns einen Endzweck, freilich nur die praktische Vernunft. Aber nicht nur das, sie gibt uns auch die Bedingungen an, unter denen allein dieser Endzweck von uns als realisierbar gedacht werden kann: sofern die Beschaffenheit der Natur mit ihm übereinstimmt.

Die Frage ist also die: Kann die objektive Realität der Idee von einem Endzweck der Welt nicht nur im Hinblick auf uns, also subjektiv, sondern auch im Hinblick auf die Natur selbst und objektiv für die theoretische Vernunft dargetan werden? Diese Forderung stellt, wie gesagt, die theoretische Vernunft, da es sich um eine Beschaffenheit der Natur handelt (ihre Übereinstimmung ihrer Verfassung nach mit dem Endzweck der menschlichen Existenz) und die Natur Gegenstand theoretischer Erkenntnis ist. Nun ist es unmöglich, daß die theoretische Vernunft die Natur als in Übereinstimmung mit dem sittlichen Endzweck bestimmt zu erkennen vermag; sie kann eben nur Naturgesetze erkennen. Aber kann, wenn schon nicht für die bestimmende, dann doch wenigstens für die reflektierende Urteilskraft die objektive Realität des Endzwecks in der Welt dargetan werden? Denn dies wäre die minimale Forderung, welche die theoretische Vernunft zu erheben vermag. Aber es zeigt sich, daß auch dies Wenige in theoretischer Hinsicht nicht möglich ist.

Da die bestimmende Urteilskraft hier nicht in Betracht kommen kann, versuchen wir es zunächst mit der reflektierenden Urteilskraft. Wir haben Grund, zu den zweckmäßigen Produkten der Natur eine oberste Ursache hinzuzudenken, deren Kausalität von anderer Art ist als bloße Naturkausalität (effiziente Kausalität). Da es sich hier also um eine denkende Ursache handelt, haben wir ferner Grund zu der Annahme, daß ihr Wirken nicht nur von Zwecken geleitet ist, sondern auch von einem Endzweck, einem Wozu des *Daseins* der Dinge, nicht freilich, um die Existenz einer solchen Naturursache zu beweisen, sondern um uns zusätzlich zur Möglichkeit solcher Naturformen auch den Grund verständlich zu machen, weshalb dieser Verstand die möglichen Formen zur *Wirklichkeit* gebracht hat.

Nun finden wir freilich auch einen Endzweck, aber nicht als Gegenstand der theoretischen, sondern nur der *praktischen* Vernunft. Dieser Begriff des Endzwecks kann, da er nur ein Begriff unserer praktischen Vernunft ist, nicht aus der Erfahrung zur theoretischen Beurteilung der Natur gewonnen und deshalb auch nicht auf die Naturerkenntnis bezogen werden. Er ist daher in keiner Weise für die Naturerkenntnis verwendbar, nicht einmal für die *reflektierende Urteilskraft*, geschweige denn für die bestimmende. Er kann nur für die praktische Vernunft nach moralischen Gesetzen gebraucht werden, eben nur für unser Wollen und Wirken. Also kann die objektive Realität des Begriffs von einem Endzweck der Natur (die ja Gegenstand theoretischer Vernunfterkenntnis ist) nicht einmal für die Grundsätze der theoretisch reflektierenden Urteilskraft dargetan werden. Wir können nur sagen: Der Endzweck der Natur ist diejenige Beschaffenheit der Natur, die mit dem, was uns die praktische Vernunft als zu vollbringen aufgibt, übereinstimmt. Aber diese Übereinstimmung kann weder durch die bestimmende noch durch die reflektierende Urteilskraft dargetan werden. Wir haben einzig und allein einen *praktisch-moralischen* Grund, die Ausführbarkeit des Endzwecks anzunehmen, und d.h. (als Bedingung der Ausführbarkeit) auch eine Naturbeschaffenheit, die damit übereinstimmt. Oder anders ausgedrückt: Wir haben nur einen praktisch-moralischen Grund, uns für die Welt einen Endzweck zu denken. Mehr haben wir nicht.

Das ist noch nicht der Schluß auf eine metaphysische Theologie, auf eine moralische Weltursache oder auf das Dasein eines Gottes, sondern auf einen Endzweck der Natur und auf das, worin er besteht. Diese Schlußart ist nun scharf charakterisiert, genau begrenzt und so bestimmt.

Der Schluß - um es noch einmal zu sagen - lautet: Wir haben einen praktisch-moralischen Grund, die Realisierbarkeit des Endzwecks (der wir selber sind) anzunehmen und deshalb eine mit diesem Endzweck zusammenstimmende Beschaffenheit der Natur. In dieser Übereinstimmung der Naturbeschaffenheit mit dem Endzweck, der wir selber sind, bestünde dann der Endzweck der Natur selbst, das letzte Wozu ihres Daseins. All das bleibt der theoretischen Erkenntnis verschlossen.

Das ist der erste Grundschritt innerhalb des moralischen Gottesbeweises.

Der zweite Schritt des Beweises besteht darin, daß gemäß diesem Endzweck nicht nur eine Verstandesursache (wie für die Möglichkeit der organischen Naturformen als Naturzwecke), sondern auch ein moralisches Wesen als Weltursache, also ein Gott, angenommen werden muß, ein Gott in dem Sinne, wie ihn die Vernunft in der Gottesidee des *ens perfectissimum* immer schon vorstellt. Dieser zweite Schritt ist Sache der *praktisch reflektierenden* Urteilskraft. Hier ist eine allgemeine Erläuterung zum Unterschied der theoretisch- und der praktisch-reflektierenden Urteilskraft erforderlich. Die theoretisch-reflektierende Urteilskraft verfährt allgemein so: Wie müssen wir uns die Ursache von Dingen denken, damit wir sie als möglich verstehen können? Die praktisch-reflektierende Urteilskraft verfährt so: Wie müssen wir uns die Dinge denken, damit ein von uns geplantes Verfahren als realisierbar gedacht werden kann?

Der zweite Schritt des Beweises wird in der praktisch-reflektierenden Urteilskraft vollzogen, also nach Begriffen der praktischen Vernunft. Wir können uns nach der Beschaffenheit unserer Vernunft eine auf das Sittengesetz und dessen Objekt (den Endzweck) bezogene Übereinstimmung der Beschaffenheit der Natur, durch welche der Endzweck überhaupt erst als ausführbar gedacht werden kann, ohne eine Weltursache, die eine solche Übereinstimmung der Natur (mit dem Endzweck, der wir selber sind) zustande bringt und deshalb zugleich ein moralischer Gesetzgeber ist, nicht begreiflich machen. Denn nur im Ausblick auf eine moralische Weltursache können wir verstehen, daß die Natur (als das von der Weltursache Bewirkte) mit dem durch die moralischen Gesetze gegebenen Endzweck auch übereinstimmt. Und diese Übereinstimmung ist eine Bedingung für die Ausführbarkeit des Endzwecks, dessen Ausführung uns durch unsere praktische Vernunft aufgegeben ist.

Das heißt also: Die Existenz Gottes ist nur im Umkreis des praktischen Gebrauchs der Vernunft dargetan, nicht aber theoretisch bewiesen. Der Endzweck selbst ist uns durch die Gesetzgebung der praktischen Vernunft aufgegeben. Dessen sind wir unbedingt gewiß. Aber zur Ausführbarkeit (Realisierbarkeit) bedarf es einer Idee, durch welche wir das Hindernis, das gerade der bloß theoretische Naturbegriff von der Welt aufrichtet, hinwegräumen, und zwar für die praktisch-reflektierende Urteilskraft, die darüber nachdenkt, wie denn die Ausführbarkeit des Endzwecks und so seine Beabsichtigung zu denken sei.

Die Gottesidee gibt allererst die Durchsicht durch den Naturbegriff von der Welt auf die Ausführbarkeit des Endzwecks in ihr, während die theoretische Vernunfterkenntnis der Natur diese Aussicht gerade verstellt. So sehen wir, daß diese Gottesidee eine Idee in dem wesentlichen Sinne ist, den sie bei Plato hat, jedoch - das ist der gewaltige metaphysikgeschichtliche Unterschied - in transzendentaler Restriktion. Nach Plato sind die Ideen das Durchsichtgebende, das das unsinnliche wahre Wesen der Dinge sehen läßt, welches die Sinnesanschauungen, die *αἰσθήσεις* (aisthéseis), verdecken. Gäbe es nicht Ideen, nie und nimmer wäre der Mensch imstande, das wahre Wesen der Dinge zu erblicken. Nur ein Wesen, das des Ideenblicks fähig ist, kann das wahre Sein erkennen. Und das ist von allen Wesen der Welt allein der Mensch. Das Lebewesen, das zugleich des Ideenblicks fähig ist, ist nach Platon der Mensch. Aber - und jetzt kommt der Unterschied zu Kant - nach Plato sind die Ideen das selbstanwesende wahrhaft Seiende selbst, während nach Kant gemäß der transzendentalen Restriktion der Offenbarkeit von Sein auf den Erstreckungsbereich der endlichen Menschenvernunft die Gottesidee nur für die praktisch-reflektierende Urteilskraft den Durchblick durch die theoretische Naturerkenntnis hindurch auf die Ausführbarkeit des Endzwecks in der Welt gibt. In theoretischer Hinsicht kann die Gottesidee nicht objektiv realisiert werden, und zwar nicht einmal für die theoretisch-reflektierende Urteilskraft. In dieser Beschränkung liegt zugleich der eigene Charakter dieses Beweises. Die Beschränkung ist nicht nur etwas Negatives, sondern zugleich etwas Positives. Sie ist Umgrenzung im Sinne der wesentlichen Bestimmung des Eigenen.

Wie ist die Denkweise eigentlich bei diesem Beweise beschaffen? Wir denken uns die Eigenschaften des höchsten Seienden nach der Analogie: Wie sich unsere moralisch-praktische Vernunft zu dem von ihr realisierten Zweck verhält, so verhält sich die moralische Weltursache zur Welt. Es besteht aber keine Möglichkeit, das Wesen dieses höchsten Seienden selbst zu erforschen, nämlich was es an sich selbst sei. Denn alle Erforschungen beschränken sich auf den Bereich möglicher Erfahrung. Daher *denken* wir dieses Urwesen nur. Wir können es also nicht nach der Analogie *bestimmen*, so wie wir in einer quantitativen Analogie oder Proportion dadurch, daß drei Glieder bestimmt sind, das vierte bestimmen und so erkennen können. Es geht nur um die Fragen, welchen Begriff wir uns nach der Beschaffenheit unseres Erkenntnisvermögens von dem Urwesen machen und ob wir seine Existenz annehmen können, damit wir einen Zweck, den uns die praktische Vernunft als notwendig zu vollbringen auferlegt, auch als ausführbar denken können.

Für die theoretische Vernunft bleibt die Gottesidee ein transzendenter Begriff. Würden wir ferner die Eigenschaften, die wir in diesem Begriff denken, dem Urwesen *objektiv* beilegen, dann würde das einen Anthropomorphismus in sich bergen. Aber die Absicht ist auch gar nicht, die göttliche Natur objektiv durch Begriffe, sondern unseren Willen durch die Gottesidee zu bestimmen. Wir nehmen die moralische Weltursache als Grund der Möglichkeit, d.h. der Ausführbarkeit eines von uns selbst als notwendig vorgestellten Endzwecks an. Um das *Verhältnis* dieses alle unsere Erkenntnisvermögen übersteigenden Wesens zum Gegenstand unserer praktischen Vernunft (des Weltbesten) denken zu können, denken wir es als ein die Welt nach moralischen Gesetzen beherrschendes Wesen, als eine von der Natur verschiedene Weltursache, deren Kausalität im Verstand und Willen besteht, die einzige uns bekannte Kausalität, ohne daß wir theoretisch berechtigt wären, diese Kausalität dem Urwesen bestimmend beizulegen. Ja noch mehr: Selbst der Unterschied zwischen der Kausalität des Urwesens hinsichtlich dessen, was für uns Endzweck ist, und hinsichtlich der Zweckverbindungen in der Natur, also zwischen dem intuitiv-produktiven Verstand der theoretisch-reflektierenden Urteilskraft und der moralischen Weltursache der praktisch-reflektierenden Urteilskraft, ist auf die Beschaffenheit unseres Erkenntnisvermögens zurückzuführen, ist also nur für die reflektierende Urteilskraft gültig. Wir können weder sagen, es seien verschiedene Kausalitäten verschiedener Ursachen (als ob es einmal einen produktiv-intuitiven Verstand in der Natur gäbe als Ursache für die Zweckverbindungen in der Natur und außerdem noch über der Natur eine moralische Weltursache), noch verschiedene Kausalitäten der einen und selben Ursache (es seien also der produktive Verstand und die moralische Weltursache ein und dieselbe Ursache, die nur in verschiedener Weise wirke). Denn all das wären bestimmende Urteile. Es handelt sich also hier immer nur um regulative Prinzipien.

Wir sagen mithin: Wir können nur gemäß der Beschaffenheit unseres Erkenntnisvermögens die Ausführbarkeit des von der praktischen Vernunft als notwendig vorgehaltenen moralischen Endzwecks auf eine bestimmte Weise *denken*, nämlich unter der Voraussetzung des Daseins eines Gottes. Das ist ein regulatives Prinzip unseres Denkens. Wenn es aber auf das Handeln ankommt, dann wird es zu einem unseren Willen bestimmenden, also zugleich zu einem *praktisch konstitutiven* Prinzip. Denn indem wir unseren Willen von der Annahme der Existenz eines Gottes bestimmen lassen, nehmen wir die Beförderung des Endzwecks als Vorsatz in unser Wollen auf, aber abermals mit der wesentlichen Einschränkung, daß wir nicht behaupten, die Art, gemäß der wir uns die Möglichkeit des Gegenstandes der praktischen Vernunft allein denken können, sei auch seine objektive Seinsmöglichkeit selbst; denn dann würden wir wieder ein bestimmendes Urteil abgeben, und dazu sind wir in diesem Bereich nicht imstande.

Die Beschränkung des Übersinnlichen auf den praktischen Gebrauch gilt auch für die Idee der *denkenden* Seele, sofern diese als eine nicht-materielle, übersinnliche Substanz vorgestellt wird, welche den Tod, den der Mensch als Lebewesen stirbt, überdauert. Diese denkende Seele ist das Thema einer eigenen metaphysischen Disziplin, der rationalen Psychologie. Befragen wir das theoretische Erkenntnisvermögen, so erhalten wir nur einen negativen Begriff von uns als denkendem Wesen: daß das Denken nämlich nicht materialistisch *zureichend* erklärt werden kann.

Das ist von Kant nachgewiesen worden und dann noch einmal grundsätzlich von Fichte in der "Ersten Einleitung in die Wissenschaftslehre". Aber dieser negative Begriff vom Menschen als denkendem Wesen ist zweiseitig. Denn auch bezüglich des Für-sich-Bestehens der denkenden Seele und ihrer Fortdauer über den Tod hinaus ist aus theoretischen Gründen kein Urteil möglich. Übrig bleibt nur die mögliche Annahme der Fortdauer als einer erforderlichen Bedingung des von der Vernunft aufgegebenen Endzwecks, also die Unsterblichkeit als moralisch-praktisches Postulat.

Die eigentliche Begründung für das moralisch-praktische Postulat der Unsterblichkeit der Seele gibt Kant in einem Nebensatz.[6] Dort heißt es von dem moralischen Endzweck, daß er *unendlich* sei. Was

---

[6] K.d.U., § 91, Allgemeine Anmerkung zur Teleologie; AA V, S. 481.

bedeutet das? Inwiefern gehört es zum Wesen des Endzwecks, unendlich zu sein? Der Endzweck der Welt ist das Weltwesen Mensch unter sittlichen Gesetzen, d.h. dessen Realitätserfüllung in Übereinstimmung mit dem Sittengesetz. Nun ist der Mensch ein Natur- und Leibwesen, das wie alle Lebewesen dem Tode verfallen ist. Unendlich kann also nur bedeuten: den Tod, den der Mensch als Lebewesen stirbt, gleichwohl überdauernd. Solches Überdauern gründet im Begriff des Endzwecks, welcher der Mensch ist. Inwiefern? Würde der Mensch nach jeder Hinsicht ins Nichts vergehen, dann entstünde die unbeantwortbare Frage, wozu er überhaupt ins Dasein gebracht worden ist. Und da die Welt allein im Menschen einen Endzweck haben kann, bliebe auch die Welt ohne ein letztes Wozu ihres Daseins. Der Endzweck muß also, wenn er denn wahrhaft Endzweck ist, in diesem Sinne unendlich sein. Und so ist die (theoretisch nicht vorstellbare) Unsterblichkeit ebenso eine Wesensbedingung des Endzwecks, wie es das Dasein Gottes für seine Erreichbarkeit ist. Ja noch mehr: Ohne einen unendlichen Endzweck wäre Gott nicht moralische Weltursache, also nicht eigentlich Gott.

Die Unmöglichkeit theoretischer Unsterblichkeitsbeweise ist nach Kant kein Verlust, sondern ein Vorteil. So wie die metaphysische Theologie infolge der Beschränkung der Idee des Übersinnlichen auf die Bedingungen ihres praktischen Gebrauchs für uns nicht Theosophie werden kann, so kann aus demselben Grunde die Psychologie nicht Pneumatologie werden: eine Lehre von für sich existierenden Geistern und dem ganzen daran sich anschließenden Aberglauben. Sie kann aber auch nicht dem puren Materialismus verfallen. Die Psychologie kann nur Kenntnis unseres denkenden Selbst im Leben sein. Und das Denken im Leben ist an Gehirnfunktionen gebunden, die zu erforschen Sache der Gehirnphysiologie und der Neurologie ist.

Kant nennt das denkende Ich in der "Kritik der reinen Vernunft" im Abschnitt "Von den Paralogismen der reinen Vernunft" das "beständige logische Subjekt des Denkens"[7], d.h. das Subjekt des logischen Verhaltens, welches ein Verbinden von Begriffen ist. Alles Verbinden von Begriffen ist ein Ich-Verbinde etwas mit etwas. In jeder denkenden Zusammennahme von etwas mit etwas liegt das Ich bleibend zugrunde. Eben deshalb ist das Ich kein Vorgestelltes, kein Gegenstand des Vor-

7 K.d.r.V., A 350.

stellens, sondern ist das Vorstellende selbst, das Vor-sich-Stellende im Vorstellen von etwas. Das Ich ist nur dieses Vor-sich im vorstellenden Verbinden von etwas mit etwas und weiter nichts. Deshalb gibt es für eine Erkenntnis seiner als eines realen Subjekts der Inhärenz der Gedanken, d.h. als übersinnliche Substanz nichts her. Der theoretische Unsterblichkeitsbeweis beruht auf der Verwechslung des logischen Subjekts der Gedanken mit einem realen Subjekt der Inhärenz und ist deshalb ein Paralogismus, ein Fehlschluß.

5. Der Wahrheitscharakter des moralischen Gottesbeweises und der Metaphysik (zu K.d.U., §§ 90 u. 91)

In den beiden folgenden §§ 90 und 91 unter den Überschriften ("Von der Art des Fürwahrhaltens in einem teleologischen Beweise des Daseins Gottes" und "Von der Art des Fürwahrhaltens durch einen praktischen Glauben") erörtert und bestimmt Kant den Wahrheitscharakter des moralischen Gottesbeweises. Diese beiden Paragraphen bilden auf der Höhe der transzendentalen Metaphysik einen eigenen Gipfel. Vorwegnehmend sei gesagt: Zum Wahrheitscharakter dieses Beweises gehört die Freiheit. Und dieses Mitbestimmtsein der Wahrheit durch die Freiheit bedeutet nicht nur eine Wandlung der Metaphysik, sondern auch einen Wesenswandel der Wahrheit, der von den auf Kant folgenden Denkern aufgenommen wird und bis in das postmetaphysische Denken Heideggers hinein bestimmend bleibt, sich manifestierend vor allem in Heideggers Abhandlung "Vom Wesen der Wahrheit".[8] Dadurch, daß man dem zweiten Teil der "Kritik der Urteilskraft" zu wenig Aufmerksamkeit zugewendet und deshalb auch nicht gesehen hat, daß in ihm die transzendentale Metaphysik Kants beschlossen liegt, ist verborgen geblieben, daß sich in Kants Philosophie ein Wesenswandel der Wahrheit anbahnt, der seinen Ausgang von der höchsten Spitze der Metaphysik selbst nimmt, von der Gottesidee. Diesen Sachverhalt werden wir jetzt zu erörtern haben.

Zunächst eine Kennzeichnung von Kants Vorgehen: Im § 90 werden alle Scheinbeweise bis auf ihren Grund hin aufgedeckt und alle theore-

---

[8] Martin Heidegger: Vom Wesen der Wahrheit. Vierte Aufl., Frankfurt am Main 1961.

tischen Beweisarten als unmöglich abgewiesen. Kant entfaltet hier auf engstem Raum zugleich das Wesen des theoretischen Wissens in seinen möglichen Arten mit dem ihnen jeweils zugehörigen Wissensanspruch und Wahrheitscharakter. Im § 91 erfolgt dann die positive Bestimmung der eigenen Art des Fürwahrhaltens des moralischen Beweises, also die Umgrenzung des ihm eigenen Wahrheitscharakters, der dann - in dem auf Kant folgenden Denken, mit Fichte beginnend - auf das Wesen der Wahrheit überhaupt zurückstrahlt, dergestalt, daß die Philosophie des Deutschen Idealismus eine Philosophie der Freiheit ist.

Das Thema lautet: Von welchem Wahrheitscharakter ist der moralische Gottesbeweis? Kant bestimmt ihn aus der Art, der gemäß er für wahr gehalten wird, und zwar zuerst durch Ausgrenzung aus anderen Weisen des Fürwahrhaltens.

Allgemein gesagt bedeutet etwas für wahr halten soviel wie etwas für seiend halten. Hier kommt also die Verklammerung von Sein und Wahrheit zum Vorschein, nämlich so: Im Ist-Sagen liegt immer implizit ein "Es ist wahr, daß es ist und so ist". Dieses Es-ist-wahr ist gleichsam ein emphatisches Es-ist. (Die Verklammerung von Sein und Wahrsein wurde schon früh erkannt und behandelt, nämlich von Aristoteles im 10. Kapitel des IX. Buches der "Metaphysik". Hier zeigt Aristoteles, daß das Wahrsein bzw. Sein im Sinne von Wahrsein - *ὄν ὡς ἀληθές* - die beherrschende Weise von Sein überhaupt - *κυριώτατον ὄν* - ist.) Da das neuzeitliche Denken vom vorstellenden Subjekt ausgeht, können wir sagen: Etwas für wahr halten heißt es als seiend setzen, dergestalt, daß das so Gesetzte maßgeblich bestimmend ist für das Verhalten, sei es theoretisch, sei es praktisch.

Hier handelt es sich um ein Für-wahr-Halten in einem *Beweis*. Beweise können im allgemeinen auf zwei Arten geführt werden: entweder durch eigens ausgebildete Methoden der Beobachtung empirischer Gegenstände, also durch das Experiment bzw., wo dies nicht möglich ist, durch statistische Erhebungen, also durch empirische Darstellung dessen, was bewiesen werden soll ("Belege") oder aus Prinzipien a priori (wie in der Mathematik). In jedem Fall wird zum Beweis erfordert, daß er nicht überredet, sondern *überzeugt* oder doch wenigstens auf Überzeugung wirkt. Das heißt, der Beweis darf nicht in einer bloß subjektiven Zuständlichkeit, in einem Gefühlszustand liegen. Kant nennt in Abweichung vom heutigen Sprachgebrauch alles, was sich nicht auf den Gegenstand der Erkenntnis, sondern auf den subjektiven

Gefühlszustand angesichts eines Gegenstandes bezieht, ästhetisch. Das Kunstwerk und alles, was zur Kunst gehört, sowie das Naturschöne ist etwas Ästhetisches in einem eminenten Sinne, um dessen Wesensumgrenzung der erste Teil der "Kritik der Urteilskraft" bemüht ist. Der Grund der Zustimmung zu einem Beweis darf also nicht aus einem Gefühlszustand herrühren, in den wir versetzt werden, sondern er muß objektiv gültig sein, d.h. in der Sache, um die es geht, liegen. Und es muß ein *logischer* Grund der Erkenntnis sein, d.h., er muß im Begriff der Sache und in begrifflichen Begründungszusammenhängen liegen. Denn andernfalls wird unser Verstand berückt durch den bloßen Schein eines Beweises; er gerät in eine Bewegung des Taumelns, da unsere Gefühlszustände wechseln, so daß er nicht mehr zu bestimmenden Unterscheidungen fähig ist.

Von solcher Art eines den Verstand berückenden Scheinbeweises ist der physikoteleologische Gottesbeweis, der in guter Absicht unternommen sein mag, aber vorsätzlich seine Schwäche verhehlt, also um des Effektes willen unaufrichtig ist. Dieses Verfahren wird jetzt aufgedeckt. Es macht sich bloß subjektive Gründe der Vernunft zunutze, nämlich einmal den Hang der Vernunft, statt vieler Prinzipien möglichst nur eines anzusetzen, denn die menschliche Vernunft strebt immer nach Einheit der Begründung, sodann ihre Neigung, sofern in dem Prinzip einige Erfordernisse für eine Bestimmung des Begriffes angetroffen werden, die übrigen hinzuzudenken durch willkürliche Ergänzungen.

Viele Naturprodukte geben Anzeige auf so etwas wie eine verständige Ursache in der Natur. Es könnten auch mehrere Ursachen sein. Aber man nimmt, dem Hang der Vernunft auf Einheit der Begründung folgend, nur eine Ursache an. Nun trifft man in dieser Ursache viel Verstand und eine große Macht an. Also ergänzt man - das ist der andere Hang der Vernunft - beides zur Allvollkommenheit, Allwissenheit und Allmacht. Sodann legt man diesem allvermögenden Wesen nicht nur einen produktiven Verstand für die Natur und ihre Gesetze zu, sondern auch noch höchste sittliche Vernunft. Und so hat man den Begriff der Gottheit, den Begriff eines moralischen Welturhebers vollendet. Bei diesem Verfahren werden gerade auch die moralischen Triebfedern des Menschen in Bewegung gesetzt, und zwar durch eine entsprechende moralisch-theologische Rhetorik. So entsteht der Schein eines objektiv logischen Beweises, der sich auch noch dadurch der

Überprüfung seiner logischen Haltbarkeit entzieht, daß derjenige, der es versucht, des frevelhaften Zweifels am Dasein Gottes bezichtigt wird. Noch in der Zeit der bundesrepublikanischen christlichen Restaurationspolitik war so etwas möglich gewesen.

Nun besteht dieser angebliche Beweis offensichtlich aus zwei heterogenen Stücken, einem physisch-teleologischen und einem moralisch-teleologischen, die durch Zusammenschmelzung in ihrer jeweiligen Eigenart unkenntlich gemacht werden. Beide müssen daher voneinander gesondert werden, damit klar wird, was jeder Teil zum Beweisgang beiträgt. Geschieht das, dann wird der Beweisschein aufgedeckt, der durch die den *nervus probandi* verdeckende Verschmelzung zustande kommt. Zugleich muß das, was zur bloßen Überredung gehört, die moralisch-theologische Rhetorik, von dem abgesondert werden, was überzeugend ist. Denn Überredung und Überzeugung sind nicht etwas nur dem Grade nach, sondern der Wesensart nach Verschiedenes, da die eine auf dem bloß subjektiven Gefühlszustand, die andere auf der Sache beruht.

Alle objektiven Beweisgründe theoretischer Art reichen nur auf vierfache Weise bei abnehmender Gewißheit zu: 1. zum Beweis durch logisch strenge Vernunftschlüsse, also zur Deduktion, die vom Allgemeinen zum Besonderen geht; 2. zu Schlüssen nach Analogien; 3. zur wahrscheinlichen Meinung; 4. zu Hypothesen, d.h. zu Annahmen eines möglichen Erklärungsgrundes. Das sind die vier Grundarten, gemäß denen theoretische Beweise geführt werden können. Kants These lautet: Alle theoretischen Beweisgründe, die eine Überzeugung bewirken, bringen kein Fürwahrhalten zustande, wenn es um die Existenz Gottes geht, nämlich einer moralischen Weltursache, durch welche zugleich ein Endzweck der Welt angegeben werden soll.

1. Was den logisch strengen Schluß angeht, so ist hier auf die "Kritik der reinen Vernunft" zurückzuverweisen. Dort ist gezeigt worden, daß uns die Gegenstände für eine mögliche Erkenntnis in der Sinnesanschauung gegeben werden müssen, auf welche alle Begriffe zurückbezogen bleiben müssen, wenn ihnen objektive Realität zukommen soll. Dem Begriff eines Wesens, das über die Natur hinausliegt, vermag keine uns mögliche Anschauung zu entsprechen. Hier ist an den Unterschied von analytischen und synthetischen Prädikaten zu erinnern. Analytische Prädikate sind nur Explikationen dessen, was im Begriff einer Sache implizit schon enthalten ist. Bei synthetischen Prädikaten

gehen wir über das im Begriff Gedachte hinaus, nämlich zur Existenz des Gegenstandes auch außerhalb seines Begriffs. Die Kopula "ist", wenn sie nicht nur die Beziehung zweier Begriffe aufeinander, sondern die Existenz des im Begriff Vorgestellten meint, ist ein synthetisches Prädikat. Da nun einem über die Natur hinausliegenden Wesen keine uns mögliche Anschauung korrespondiert, in welcher uns ein Gegenstand allein gegeben werden kann, bleiben synthetische, also die Existenz betreffende Prädikate grundsätzlich problematisch, d.h., es bleibt offen, ob der Gegenstand dieses Begriffes existiert oder nicht. Also findet hier keine Erkenntnis statt.

Das wird noch genauer begründet: Damit einem Begriff überhaupt objektive Realität zukommt, muß er durch Prinzipien bestimmt sein, d.h. unter sie subsumiert werden können, und zwar unter Prinzipien, die Erkenntnis überhaupt konstituieren. Das sind die allgemeinen Gegenstandsbegriffe, die Kategorien, die das vorstellen, was ein Gegenstand überhaupt als solcher ist. Nun hat die Kritik der reinen Vernunft gezeigt, daß diese Kategorien nur dann erkenntnisgründend sind, wenn sie sich auf die Natur, also den Inbegriff der Sinnesgegenstände beziehen. Also ist der Begriff eines übersinnlichen Wesens unter die Kategorien als Erkenntnisprinzipien nicht subsumierbar, so daß ihm die objektive Realität überhaupt nicht erbracht werden kann.

2. Der Analogieschluß. Es ist hier zu unterscheiden zwischen der Analogie in quantitativer Bedeutung, auch Proportion genannt, und in qualitativer Bedeutung. Innerhalb einer quantitativen Analogie stehen der Anzahl nach verschiedene Größen in identischen Verhältnissen wie 2:4 = 8:16, dergestalt, daß bei Bestimmtheit von drei Gliedern das vierte bestimmbar, also erkennbar ist. Anders steht es bei der qualitativen Analogie. Auch hier liegt eine Identität von Verhältnissen vor, aber so, daß die Glieder gerade sachspezifisch verschieden sind, so z.B. zwischen Grund und Folge, Ursache und Wirkung. Bei der qualitativen Analogie besteht immer die Gefahr, daß man, indem man das eine in Entsprechung zum anderen denkt - z.B. das Verhältnis zweier geschichtlicher Begebenheiten im Verhältnis zu zwei späteren geschichtlichen Begebenheiten -, auch den sachspezifischen Unterschied vom einen auf das andere Verhältnis überträgt und so zu einem Fehlschluß kommt. Gerade im Bereich der Geschichte sind die Analogieschlüsse gefährlich und werden deshalb mit Recht von den Historikern perhorresziert. So dürfen wir die Kausalität der Weltursache (in

Ansehung der Weltdinge als Naturzwecke) zwar in Analogie zu einem Verstand wie dem unsrigen als Ursache von Kunstformen *denken* (denn nur so können wir uns die Möglichkeit organischer Produkte verständlich machen), aber wir können nicht deshalb, weil wir einer innerweltlichen Ursache für Kunstprodukte Verstand beilegen müssen, schließen, daß auch jener, von der Natur verschiedenen Ursache hinsichtlich der Naturformen eo ipso dieselbe Kausalität (wenn auch in eminenter Weise) zukommen müsse. Denn das betrifft ja gerade den Unterschied zwischen einer sinnlich bedingten Ursache, wie wir es sind, und einem übersinnlichen Wesen. Also ist mittels der Analogie die Weltursache in dem, was sie ist, nicht erfaßbar und erkennbar.

3. Die wahrscheinliche Meinung. Sie findet nur bei Beweisgründen statt, die empirisch gegeben sind. Das ist in diesem Falle die Zweckhaftigkeit in der Welt (Naturzwecke). Aber man kann mit ihnen nichts über die Sinnenwelt hinaus meinen und mit Wahrscheinlichkeiten operieren. Und das aus folgendem Grunde nicht: Wahrscheinlichkeit liegt dann vor, wenn nur ein Teil aus einer Reihe von Gründen gegeben ist, deren Vollständigkeit Gewißheit ergäbe. Je größer der Teil ist, um so höher der Gewißheitsgrad. Das mögliche, die Gewißheit ergebende Ganze der Teilgründe bildet also eine Größe, die kleiner und größer sein kann. Je kleiner sie ist, desto weniger Gewißheit, also desto weniger Wahrscheinlichkeit liegt vor. Die Teile einer Größe müssen aber immer gleichartig sein. So können wir z.B. Tannen und Buchen nur dann zusammenzählen, wenn wir sie als Bäume, also als etwas Gleichartiges nehmen. Innerhalb einer Größe ist jeder Teil, was der andere ist. Damit also die Bestimmungsgründe eines Urteiles eine Größe ausmachen können, müssen sie gleichartig sein, so daß die Wahrscheinlichkeit zu- und abnehmen, geringer oder größer werden kann. Deshalb kann nicht ein Teil der Gründe in den Grenzen möglicher Erfahrung, also im Bereich des Sinnlichen, ein anderer im Bereich des Übersinnlichen liegen. Alle Wahrscheinlichkeit bleibt innerhalb des Umkreises empirischer Gegenstände; es findet also nicht die mindeste Annäherung an Übersinnliches statt. Also ist das Dasein Gottes niemals Sache einer Meinung mit mehr oder minder großer Wahrscheinlichkeit.

4. Die Hypothesen. Gott als Hypothese würde besagen, wir setzen ein übersinnliches, göttliches Wesen an als möglichen Erklärungsgrund für Naturformen und die Naturverfassung überhaupt. Eine Hypothese können wir eine Vorausannahme eines möglichen Erklärungsgrundes

nennen, der sich zu bewahrheiten hat. Nun muß das, was wir als Hypothese ansetzen, zum mindesten seiner Möglichkeit nach zweifelsfrei erkannt werden. Das, von dem wir nicht einmal erkennen, ob es möglich ist, kann nicht als Hypothese fungieren. Wir können nicht etwas für die Erklärung der Möglichkeit von Erscheinungen gebrauchen, von dem wir nicht einmal wissen, ob es seinerseits etwas ist, was sein kann. Wie steht es mit der Möglichkeit eines nach Begriffen bestimmten übersinnlichen Wesens? Sind wir theoretisch gewiß, daß dieses auch nur sein kann?

Kant hat in der "Kritik der reinen Vernunft", im ersten Postulat des empirischen Denkens, d.h. des Denkens, das Erkennen eines Gegenstandes ist, festgelegt: "Was mit den formalen Bedingungen der Erfahrung (der Anschauung und den Begriffen nach) übereinkommt, ist *möglich*", d.h. als möglich erkannt.[9] Formale Bedingungen der Erfahrung der Anschauung nach sind die Formen der Anschauung: Raum und Zeit. Formale Bedingungen der Erfahrungen den Begriffen nach sind die Kategorien. Ein Gegenstand vom Seinscharakter der Möglichkeit muß also 1. in Raum und Zeit erscheinen können und 2. durch die Kategorien, die Gegenstandsbestimmungen als solche, bestimmt sein. Die zweite Bedingung wäre bei dem übersinnlichen Wesen erfüllt, da es durch die Kategorien bestimmt werden kann, z.B. durch die Kategorie der Kausalität, nicht aber die erste Bedingung, da es ja ein Begriff eines übersinnlichen Wesens ist. Als Maßstab für die Möglichkeit bleibt dann aber nur der Satz vom Widerspruch übrig, nach welchem die Möglichkeit darin besteht, daß die in einem Begriff enthaltenen Merkmale einander nicht widersprechen dürfen, da andernfalls der Begriff sich aufhebt und ein Nichts (*nihil negativum*) ist. Aber diese Freiheit vom Widerspruch besagt nur die Möglichkeit des Gedankens eines Gegenstandes, die logische Möglichkeit, nicht aber die Möglichkeit des Gegenstandes des Begriffs, die reale Möglichkeit. Der Begriff eines übersinnlichen Wesens ist möglich, sofern er keinen Widerspruch in sich enthält. Aber daß ein solches Wesen auch *sein* kann, das läßt sich nicht erkennen, da zur erkennbaren Möglichkeit das Erscheinenkönnen des Gegenstandes in Raum und Zeit gehört. Also taugt der Begriff eines Verstandeswesens auch nicht als Hypothese zur Erklärung von Naturerscheinungen.

---

[9] K.d.r.V., B 265.

Das Resultat dieser Durchmusterung aller nur möglichen theoretischen Beweisarten lautet: Für die Existenz eines göttlichen Urwesens (und Entsprechendes gilt für die menschliche Seele als eines unsterblichen Geistes) gibt es in theoretischer Hinsicht keinen Beweis. Alle theoretischen Beweisarten sind erschöpft, es gibt nicht den mindesten Grund eines Fürwahrhaltens. Der letzte und gleichsam elementarste Grund für diese Unmöglichkeit liegt darin: Erkennen ist ein Bestimmen durch Begriffe. Der Begriff ist die Form, d.h. das einer Mannigfaltigkeit Einheitgebende, das Verbindende. Aber dem bestimmenden Begriff muß auch Bestimmbares vorliegen: der Stoff, weil ohne diesen die Begriffe nur leere Verbindungsfunktionen sind. Für die Bestimmung der Idee des Übersinnlichen fehlt uns der Stoff, der ja immer aus den Sinnesanschauungen entnommen werden muß. Ohne alle Bestimmung der Idee des Übersinnlichen bleibt nur der Begriff von einem nichtsinnlichen Etwas als Grund der Sinnenwelt ohne die Möglichkeit einer Erkenntnis dessen, was es ist und welches seine Eigenschaften sind.

Nachdem Kant im § 90 den Schein eines physikotheologischen Beweises aufgedeckt und alle theoretischen Beweisarten als prinzipiell unmöglich abgewiesen hat, erfolgt im § 91 "Von der Art des Fürwahrhaltens durch einen praktischen Glauben" die positive Auszeichnung des Wahrheitscharakters des praktisch-moralischen Gottesbeweises, und d.h. der eigentlichen Metaphysik.

Der erste Abschnitt umreißt den Horizont der Betrachtung, den transzendentalphilosophischen Gesichtskreis überhaupt, der durch die Grundfrage umgrenzt und gebildet wird: Welches ist die Art und Weise, dergemäß für uns Seiendes Gegenstand der Erkenntnis, d.h. eine *res cognoscibilis* sein kann. Es spielt sich hier eine Umwandlung der überlieferten philosophischen Fragestellung ab, welche die letzte geschichtliche Wendung der abendländischen europäischen Metaphysik einleitet und dadurch mittelbar auf ihr Ende vorbereitet. Die Frage lautet nicht mehr wie einst: Was ermöglicht den Dingen (d.h. dem Seienden) zu sein, was und wie sie sind, sondern: Was ermöglicht ihnen, Objekt der Erkenntnis für uns zu sein? Oder - was dasselbe besagt -: Was ermöglicht uns, die gegenständlich Erkennenden zu sein, die wir sind? Die Frage geht auf die Möglichkeit der Dinge als Erkenntnisgegenstände für uns, für das erkennende Subjekt, welches der Mensch ist. Das ist die Umwandlung der überlieferten metaphysischen Ontologie in die transzendentale Ontologie und Metaphysik. Sie ist, wie verwandelt auch immer, in die auf Kant folgende Philosophie bei Marx und Nietzsche mit eingegangen. Durch sie wird die Offenbarkeit von Sein umgrenzt durch die auf die menschliche Subjektivität zurückbezogene Subjekt-Objekt-Relation. Das ist das transzendentale Ereignis, das sich im Denken Kants abspielt.

Innerhalb dieses transzendentalphilosophischen Horizonts ist das Seiende hinsichtlich seiner Zugehörigkeit durch uns von dreifacher Art: 1. Sachen der Meinung (*opinabile*), 2. Tatsachen (*scibile*), 3. Glaubenssachen (*mere credibile*). Glaubenssachen sind nicht etwa Glaubensartikel, zu deren Bekenntnis man innerhalb einer Religionsgemeinschaft verpflichtet werden kann. Der Glaube, von dem hier die Rede ist, hat mit dem in den christlichen Kirchen verkündeten Glauben gar nichts zu tun. Er ist hier vielmehr ein rein philosophischer Begriff.

1. Alle Begriffe beziehen sich auf Gegenstände, auch die von der reinen Vernunft gebildeten Ideen. Aber ihre Gegenstände können in keiner Erfahrung gegeben werden, so daß diese Ideen nicht gegenständlich belegt werden können. Also gehören ihre Gegenstände nicht zu den Dingen, die uns zugänglich sind; sie gehören nicht zu den erkennbaren Dingen. Aber wir können bezüglich ihrer nicht einmal etwas *meinen*. Diese Ideen sind Begriffe *a priori*, bei denen es entweder Erkenntnis oder keine Erkenntnis gibt, aber keine Meinung. Sache der Meinung sind vielmehr Gegenstände einer an sich zwar möglichen Erfahrungserkenntnis, die uns jedoch faktisch nicht möglich ist, so daß wir es bei der Meinung belassen müssen, z.B. die Entscheidung der Frage, ob irgendwo im Weltall Weltkörper mit Lebewesen oder gar Menschen existieren. Wir können das meinen; denn es gibt keine erweisbare Unmöglichkeit für diese These. Die Frage wäre nur durch Beobachtung zu entscheiden, wozu wir *faktisch* nicht imstande sind.

Dagegen ist die Annahme von reinen Geistern innerhalb des materiellen Universums keine Sache des Meinens, sondern eine bloße Erdichtung. Denn der Begriff eines reinen Geistes, der innerhalb der Körperwelt existiert und ohne Körper gleichwohl denken kann, ist eine Vorstellung, die übrigbleibt, wenn man von einem denkenden Wesen alles Leiblich-Materielle hinwegnimmt und das Denken allein übrigläßt, ein Wesen, das durch eine Denkoperation, durch Weglassung alles Leiblich-Materiellen zustande gebracht wird.

2. Der Begriff der Tatsache hat bei Kant (wie auch bei Fichte) einen weiteren, aber genau bestimmten Bedeutungsumfang. Tatsachen sind

Gegenstände von Begriffen, deren objektive Realität (an Gegenständen ausweisbare Realität) entweder durch die Vernunft, also (wie in der Mathematik) ohne auf empirische Beobachtung angewiesen zu sein (sei es aus theoretischen oder praktischen Prinzipien) oder durch Erfahrung dargetan werden kann. Demnach sind mathematische Sachverhalte Tatsachen, wenngleich keine empirischen Tatsachen. Ebenso sind Sachverhalte, von denen ich nur aufgrund der Zeugnisse eines anderen Kenntnis habe, Tatsachen.

Nun gibt es aber unter den Vernunftideen eine einzige, die den Charakter der Tatsache hat, obwohl doch Vernunftideen keiner Darstellung in einer Anschauung fähig sind, also auch keine theoretische Erkenntnis begründen können. Es ist die Idee der *Freiheit*. Wie ist das möglich?

Freiheit, das Vermögen des Selbstanfangs im Handeln, ist in theoretischem Betracht ein transzendenter Begriff, also kein Gegenstand möglicher Erfahrung, dennoch eine Tatsache. Denn der Begriff der Freiheit ist mit dem Sittengesetz in unlösbarer Einheit verbunden, sofern das der Vernunft innewohnende Sittengesetz uns dazu qualifiziert, uns unabhängig von Natureinflüssen nach ihm zu bestimmen. Nun ist aber der Wille innerhalb der Welt als Inbegriff der Gegenstände möglicher Erfahrung eine wirkende Ursache. Ist sein Wirken durch freie Selbstbestimmung qualifiziert, so kommen freie Handlungen innerhalb der Erfahrung vor. Die objektive Realität der Idee der Freiheit läßt sich in wirklichen Handlungen, mithin in der Erfahrung dartun, zwar nicht für die theoretische Erkenntnis, wohl aber durch die Tat selbst. Der Gegenstand der Idee der Freiheit ist eine Tatsache, gehört mithin zu den *scibilia*. Er ist Gegenstand eines spezifisch-praktischen Wissens.

3. Glaubenssachen. Gegenstände, die in Beziehung auf einen dem Sittengesetz gemäßen Gebrauch als Folge oder als Grund von uns gedacht werden müssen, deren Begriffe aber für den theoretischen Gebrauch transzendent sind, sind Glaubenssachen (nicht zu verwechseln mit den Glaubensartikeln einer Religion oder Konfession). Eine fundamentale Glaubenssache ist das höchste durch Freiheit zu bewirkende Gut in der Welt. Denn dessen objektive Realität kann in keiner uns möglichen Erfahrung dargetan, also durch theoretischen Vernunftgebrauch bewiesen werden; denn wie könnten wir die Übereinstimmung der Natur und ihres Wirkens mit dem Sittlichen in uns beweisen? Nun ist aber die Vollbringung des höchsten Gutes in der Welt durch

unsere praktische Vernunft *aufgegeben* und muß daher von uns als möglich angenommen werden. Und die einzige für uns denkbare Bedingung der Möglichkeit seiner Bewirkung ist das Dasein eines Gottes und die Annahme, daß der leibliche Tod nicht ein Versinken in das Nichtsein des absoluten Nichts ist. Die Bewirkbarkeit des höchsten Gutes, das Dasein Gottes und die Seelenunsterblichkeit, sind Glaubenssachen, und zwar die einzigen, die es gibt. Zu Glaubensartikeln können Angehörige einer Konfession *verpflichtet* werden. Den Glaubenssachen der metaphysischen Theologie entspricht allein das *freie* Fürwahrhalten; und dies ist auch allein mit dem Sittlichen vereinbar, wenn anders Sittlichkeit und Freiheit dasselbe sind. Es gibt hier keinen Zwang, weder von außen noch von innen, weder einen Beweiszwang wie bei den theoretischen Beweisen noch einen Selbstzwang im Sinne der moralischen Verpflichtung, sondern nur die in Freiheit vollzogene Einsicht in den von unserer eigenen Vernunft durch Freiheit zu realisierenden Endzweck samt den einzig von uns denkbaren Bedingungen seiner Realisierbarkeit.

Es sind dies, wie gesagt, die einzigen Glaubenssachen. Denn Gegenstände, die aufgrund von Zeugnissen anderer für wahr gehalten werden, sind keine Glaubenssachen, sondern Tatsachen. Sie sind für den, der sie wahrgenommen oder erforscht hat, Erfahrung und Tatsachen. Zudem ist prinzipiell ja für jeden möglich, diese Erfahrung selbst zu machen. Nur Gegenstände der Vernunft können Glaubenssachen sein, aber niemals für die theoretische Vernunft. Denn als Gegenstände der theoretischen Vernunft können sie kein Objekt möglicher Erkenntnis sein. Es sind Ideen, die zwar eine Realität (Sachgehalt) haben, aber ob die begriffliche Realität auch Realität einer Sache (*res*) ist, bleibt immer ungewiß.

Dagegen ist der uns aufgegebene Endzweck, durch den wir uns selbst als Endzweck erfassen, eine Idee, die in praktischer Hinsicht objektive Realität hat, also eine Sache (*res*), aber keine in der Erfahrung nachweisbare Sache, also keine Tatsache, sondern eine Glaubenssache der reinen Vernunft. Und mit ihr sind das Dasein Gottes und die Unsterblichkeit der Seele als Bedingungen, unter denen wir nach der Beschaffenheit unserer Vernunft allein die Bewirkbarkeit jenes Endzwecks durch Freiheit denken können, Glaubenssachen der reinen Vernunft. Aber dadurch wird unsere theoretische Erkenntnis nicht erweitert, weder unser theoretisches Wissen noch unser Meinen vom Dasein eines

Gottes und seiner Beschaffenheiten oder von einem Überdauern des Todes. Es ist völlig sinnlos, sich darüber in theoretischen Reflexionen, Meinungen oder irgendwelchen Vorstellungen zu ergehen. Es bleiben vielmehr nur Annahmen für den sittlich-freien Gebrauch unserer Vernunft in der Praxis. Denn dieser Gebrauch schließt ja ein, daß die uns von der eigenen Vernunft vorgehaltene Aufgabe, mit allen Kräften das Weltbeste zu befördern, auch ausführbar ist. Und wir können sie uns nur unter den genannten Bedingungen als ausführbar denken.

Man muß hier scharf und genau unterscheiden: Das Sitten- oder Freiheitsgesetz ist keine Glaubenssache, sondern eine der Vernunft innewohnende *Tatsache*. Den Tatsachencharakter hat es mit den Naturgesetzen gemeinsam. Aber es unterscheidet sich auch von ihnen in mehrfacher Hinsicht: Es ist keine empirische Tatsache, sondern ein Faktum der reinen Vernunft oder ein intelligibles Faktum. Deshalb eignet ihm der Charakter der apodiktischen Notwendigkeit. Aber es ist ein Gesetz der Freiheit. Das heißt, es ist dadurch, daß es besteht, nicht auch schon befolgt. Befolgt wird es erst dann, wenn wir es zum Bestimmungsgrund unseres Handelns *machen*. Dagegen ist das höchste Gut in der Welt, einschließlich der von uns zu denkenden Bedingungen seiner Realisierung, keine Tatsache, weder ein empirisch nachweisbares Faktum noch ein Faktum der reinen Vernunft, sondern Sache eines ganz und gar freien Fürwahrhaltens aus moralisch-praktischen Gründen. In dem Sinne ist die eigentliche Metaphysik auf die Freiheit gestellt. Das ist etwas ganz Neues innerhalb der Geschichte des europäischen Denkens.

Der Wahrheitscharakter des moralischen Beweises beginnt jetzt entschiedener ans Licht zu treten. Kant bestimmt den Glauben so: Er ist die moralische (d.h. an die Freiheit bindende) Denkungsart der Vernunft im Fürwahrhalten dessen, was theoretischer Erkenntnis unzugänglich bleibt. Es ist das Festbleiben in dem Grundsatz, das, was zur Möglichkeit des höchsten sittlichen Endzwecks als dessen Bedingung vorauszusetzen ist, wegen der Verbindlichkeit zu ihm auch für wahr zu halten, obzwar die Möglichkeit theoretisch nicht eingesehen werden kann. Glaube ist ein Vertrauen darauf, daß die Absicht, deren Realisierung uns auferlegt ist, auch erreicht werden kann, obwohl die Bedingungen ihrer Erreichbarkeit von uns theoretisch nicht eingesehen werden können. Es ist also insofern ein ganz und gar freies Fürwahrhalten dessen, was weder durch theoretische Erkenntnis zwingend erweisbar ist noch wozu wir sittlich verpflichtet sind, was wir vielmehr in Freiheit annehmen, um die Erreichbarkeit des sittlichen Endzwecks in der Welt denken zu können, welche zu denken uns die Freiheitsidee verpflichtet.

Worin liegt also, genauer bestimmt, das Moment des *Vertrauens*, das den Vernunftglauben kennzeichnet? Aus dem Sittengesetz, das als kategorische Forderung an uns ergeht, nämlich mit all unseren Handlungsmaximen in Übereinstimmung mit ihm zu bleiben, kann die Erreichbarkeit des Endzwecks nicht zwingend einsichtig gemacht werden: Realitätserfüllung des Menschenwesens unter der Bedingung der Zusammenstimmung mit dem Sittengesetz. Wir denken also die Bedingung seiner Realisierbarkeit von uns aus hinzu gemäß der Art, in der wir allein denken können. Und zu solchem Hinzudenken kann niemand genötigt werden, weder durch logisch-strenge Beweise noch durch eine sittliche Verpflichtung. Gleichwohl ist das Fürwahrhalten dieser Bedingung nicht von der Art einer beliebigen Meinung ohne hinreichende Begründung. Worin also gründet dann aber dieses metaphysische Fürwahrhalten? In dem Vertrauen darauf, daß die sittlich-praktische Vernunft uns nicht ein Objekt und Wirken vorschreibt, das zu erreichen unmöglich ist. Wollen wir aber im Vertrauen auf die Vernunft die Ausführbarkeit des Endzwecks als möglich denken, dann müssen wir auch die einzig für uns denkbaren Bedingungen der Ausführbarkeit als wahr annehmen, vor allem das Dasein eines Gottes. Und das ist freilich ein Fürwahrhalten, gegründet in einem Vertrauen auf die praktische moralische Vernunft.

Kant unterscheidet drei Arten von Unglauben:

1. Ungläubisch sein heißt: der Maxime folgen, Zeugnissen überhaupt nicht zu glauben, sondern nur Selbstwahrgenommenes für wahr zu halten.

2. Ungläubisch sein bedeutet: jenen Ideen der Vernunft die Zustimmung deshalb versagen, weil ihnen durch theoretische Einsicht die objektive Realität nicht erbracht werden kann. Ungläubigsein in diesem Sinne bedeutet also nicht schon unmoralisch sein.

3. Sodann aber gibt es den Zweifelsglauben, für den eben der Mangel an theoretischen Überzeugungen ein Hindernis für die Annahme der objektiven Realität jener Ideen ist. Hier vermag gerade die Transzendentalphilosophie durch ihre kritische Restriktion der theoretischen Erkenntnis auf die Dinge als Dinge in der Erscheinung

Abhilfe zu schaffen, dergemäß ein Feld des Intelligiblen offen bleibt, das die theoretische Vernunft mit Ideen besetzt, ohne diese in die objektive Realität überführen zu können, denen aber die praktische Vernunft objektive, apodiktische Gewißheit verschafft: die Idee der Freiheit als Tatsache und, daran angeschlossen, die Ideen von Gott und Unsterblichkeit als Sachen eines Vernunftglaubens im gekennzeichneten Sinne. Innerhalb der transzendentalen Metaphysik gründet also das Gottesverhältnis des Menschen in diesem Vertrauen der Vernunft zu sich selbst.

Im Schlußabschnitt von § 91 erklärt Kant, Gott, Freiheit und Seelenunsterblichkeit seien diejenigen Aufgaben, zu deren Auflösung alle Zurüstungen der Metaphysik als ihrem letzten und alleinigen Zweck abzielen.[10] Mit dieser Aufgabenbestimmung schließt Kant an die bekannte Stelle aus der Einleitung in die "Kritik der reinen Vernunft" an, wo es heißt: "Diese unvermeidlichen Aufgaben der reinen Vernunft selbst sind Gott, Freiheit und Unsterblichkeit."[11] Diese Aufgabenbestimmung ist längst als kurante Münze der kantischen Philosophie in Umlauf gekommen, ohne daß man sich noch etwas dabei denkt. Man übersieht vor allem, daß für "Freiheit" auch der Begriff "Welt" eintreten kann, so daß dann Gott, Welt und Unsterblichkeit die eigentlichen Aufgaben der Metaphysik sind. Und in der Tat tritt in der "Kritik der reinen Vernunft" innerhalb der Antinomienlehre die Freiheit im Zusammenhang mit dem Weltproblem auf, nämlich in der dritten Antinomie, also als kosmologischer Begriff. In der "Vorrede" zur zweiten Auflage der "Kritik der reinen Vernunft" werden Gott, Freiheit und Unsterblichkeit als die vorzüglichen Themen der Metaphysik abermals genannt.[12]

Entsprechend lesen wir in einer Anmerkung zu dem Abschnitt "System der transzendentalen Ideen" in der "Kritik der reinen Vernunft": "Die Metaphysik hat zum eigentlichen Zwecke ihrer Nachforschung nur drei Ideen: *Gott*, *Freiheit* und *Unsterblichkeit* ... Alles, womit sich diese Wissenschaft sonst beschäftigt, dient ihr bloß zum Mittel, um zu diesen Ideen und ihrer Realität zu gelangen".[13] In einem ausgearbeiteten System der Metaphysik müßten (nach Kant) die Ideen zwar in

---

[10] K.d.U., § 91; AA V, S. 473.
[11] K.d.r.V., B 7.
[12] K.d.r.V., B XXX.
[13] K.d.r.V., B 395.

dieser Reihenfolge stehen, nicht jedoch in der "Kritik der reinen Vernunft", welche nur eine kritische Grundlegung zu der Metaphysik ist. Hier würde die angeführte Ordnung die umgekehrte sein, "um, indem wir von demjenigen, was uns Erfahrung unmittelbar an die Hand gibt, der *Seelenlehre*, zur *Weltlehre* und von da bis zur Erkenntnis *Gottes* fortgehen, unseren großen Entwurf zu vollenden."[14] Hier wird nun ganz deutlich, daß innerhalb dieser metaphysischen Hauptthemen die Ideen der Welt und der Freiheit wechselseitig austauschbare Begriffe sind. Was hat es damit auf sich?

Es ist klar: Der Mensch ist ein Weltwesen, d.h. ein Naturwesen unter allen übrigen Naturwesen. Wenn nun in der Welt, also in der Natur, Freiheit im transzendental-kosmologischen Sinn (als Selbstanfang im Handeln) unmöglich ist, dann kann es auch keine praktische Freiheit im Sinne der Selbstbestimmung geben. Sie müßte als eine Illusion des Handelnden aufgegeben werden. Es müßte also wenigstens die *Nicht-Unmöglichkeit* der Freiheitsidee theoretisch dargetan werden. Das geschieht in der Auflösung der dritten Antinomie innerhalb der "Kritik der reinen Vernunft" durch die Anwendung der Unterscheidung von "Ding an sich" und "Ding in der Erscheinung" auf die Kategorie der Kausalität. Demnach kann die eine und selbe Ursache nach zwei Hinsichten betrachtet werden: 1. Als Ding in der Erscheinung (als welches sie allein Gegenstand der Erkenntnis sein kann) steht ihr Wirken unter dem Gesetz der Zeitfolge, so daß es durch eine vorangehende Ursache bewirkt erscheint. 2. Als Ding an sich selbst, als intelligibler Gegenstand gedacht, geht ihrem Wirken keine sie determinierende Ursache zeitlich voraus, so daß sie ganz von sich her zu wirken vermag. Die Möglichkeit solcher Kausalität aus Freiheit bleibt theoretisch uneinsichtig, aber sie ist als nicht unmöglich theoretisch erkannt. Und das genügt. Denn ihre *Wirklichkeit* beweist sie im Umkreis menschlicher Praxis durch die Tat, sofern der menschliche Wille sich unabhängig von Naturursachen durch das Sittengesetz bestimmen lassen kann. Also ist die Welt ihrer Verfassung nach durch Freiheit (Spontaneität der Ursache) mitbestimmt. Das ist der Grund, weshalb diese beiden Begriffe "Welt" und "Freiheit" ausgetauscht werden können.

---

[14] A.a.O.

Kant legt im Schlußabschnitt des § 91 der "Kritik der Urteilskraft" dar, daß das Verhältnis der drei Hauptthemen der Metaphysik durch die Transzendentalphilosophie eine grundsätzliche Umwandlung erfährt, ebenso wie die Methode der Metaphysik überhaupt. Das bisherige Verfahren war so beschaffen: Die Freiheit wurde als bloß negative Bedingung der praktischen Philosophie erklärt und nachgewiesen, weil nämlich ohne Freiheit Sittlichkeit nicht möglich sei. Die Lehre von Gott und von der Zugehörigkeit des sterblichen Menschen zum Immerseienden, also von der Unsterblichkeit der Seele, betrachtete man als zur theoretischen Philosophie gehörend, daher als gesondert für sich zu behandelnd, um dann erst beide Themen mit der Moral zu verbinden und so das Gottesverhältnis des Menschen zu bestimmen.

Wir haben gesehen, daß - transzendental-kritisch betrachtet - dieses metaphysische Verfahren aufgegeben werden muß, weil mittels seiner das Ziel nicht erreicht werden kann, so daß ein anderes Verfahren auf die Bahn gebracht werden muß; denn von allen Ideen ist allein der übersinnlich-transzendente Begriff der Freiheit einer objektiven Realisierung bzw. eines Nachweises seines Vorkommens in der Erfahrung fähig, zwar nicht - das ist entscheidend - für die theoretische Erkenntnis, wohl aber für die praktische Erkenntnis, die das Handeln leitet. Gott und Unsterblichkeit zu beweisen, kann daher nur auf der Basis des Freiheitsbegriffs gelingen, d.h. eines *praktischen* und nicht eines *Natur*begriffes, wobei wir immer festhalten müssen, daß die Natur primär und fundamental Sache theoretischer Erkenntnis ist und daß jeder praktische Umgang mit der Natur sein Fundament im Theoretischen hat.

Der Begriff der Freiheit ist ein unter moralischen Gesetzen in der Vernunft enthaltener Begriff. Diese Vernunft schreibt uns durch ihre Gesetze den Endzweck als notwendige Aufgabe vor. Daraus ergibt sich die Frage: Was ist notwendig, damit der Endzweck als ausführbar gedacht werden kann? Ein Zweifaches:

1. daß die Weltursache nach moralischen Gesetzen zu wirken, d.h. die Übereinstimmung der Natur mit der sittlichen Freiheit in uns zustande zu bringen vermag (gesetzt, daß der Mensch das Weltbeste mit all seinen Kräften erstrebt); 2. von seiten des Menschen, daß er den Tod, den er als leibliches Wesen stirbt, überdauert (was theoretisch unvorstellbar ist).

Also kann nur aus der Idee der Freiheit unter moralischen Gesetzen auf die Existenz und die Beschaffenheit der uns sonst verborgenen Gottheit und auf ein Unzerstörbares im Menschen geschlossen werden.

Kant macht im Schlußabschnitt noch eigens auf die verwandelte Gestalt der Metaphysik aufmerksam. Freiheit ist der einzige übersinnliche Begriff, die einzige transzendente Idee, die mittels der in ihr gedachten unbedingten Kausalität innerhalb der Natur durch ihre möglichen Wirkungen in der Natur, nämlich durch sittliche Handlungen, die objektive Realität für uns zu beweisen vermag. Durch sie werden die beiden anderen Ideen des Übersinnlichen ebenfalls mit der Natur und so untereinander verknüpft, daß eine Metaphysik im eigentlichen Sinn möglich wird. Das Entscheidende ist also die Verknüpfung der Ideen des Übersinnlichen mit der *Natur*, weil sie allein durch solche Verknüpfung objektive Realität (welcher Art auch immer) erhalten. Wir haben ein Prinzip in uns (die Freiheit als das Gesetz einer unbedingten Kausalität), welches die Idee des Übersinnlichen *in uns* und durch Verknüpfung mit diesem auch die Idee des Übersinnlichen *außer uns* in praktischer Absicht objektiv zu realisieren vermag. Das kann der theoretischen Philosophie aus ihr selbst nicht gelingen; denn sie vermag von sich aus nur einen negativen Begriff von Freiheit aufzustellen: Freiheit als Nicht-Bestimmtsein durch anderwärtige Ursachen, und sie vermag auch nur die Nicht-Unmöglichkeit der Freiheit in der Welt aufzuweisen, nicht aber ihr wirkliches Bestehen. Die Freiheit, deren Idee erst die praktische Vernunft positiv zu bestimmen vermag, ist daher das Fundament der eigentlichen Metaphysik. Die Nachfolger Kants, mit Fichte beginnend, erblickten deshalb ihre Aufgabe darin, nicht nur die Metaphysik in diesem engeren Sinne, sondern die Philosophie überhaupt und im Ganzen auf die Freiheit, also auf die Spontaneität der Vernunft zu gründen, die dann freilich nicht mehr nur die auf das sinnlich bedingte Menschenwesen bezogene, sondern die aus dieser einseitigen Beziehung gelöste, die absolute Vernunft sein kann. Aber trotz dieser Umwandlung beruht die gesamte Metaphysik des deutschen Idealismus auf dem Vertrauen zur Vernunft. Und dieses Vertrauen zur Vernunft wird gekündigt durch Nietzsche. Gegen dieses Vertrauen zur Vernunft als den Ort aller Wahrheit über das Seiende im ganzen wendet sich Nietzsche mit seiner These vom Leben hier und jetzt als der letzten und eigentlichen fundamentalen Realität, eine

These, die dann die gesamte überlieferte Metaphysik zum Einsturz bringt, die im Vertrauen auf die Vernunft gegründet war.

Das Ergebnis der transzendentalphilosophischen Gründung einer Metaphysik kann auf dem gegenwärtigen Stand der Erörterung so festgestellt werden: Die Metaphysik steht auf dem Freiheitsbegriff als Fundament. Und diese Freiheit durchzieht das gesamte metaphysische Verhältnis; denn Gott und Unsterblichkeit sind Gegenstände eines freien Fürwahrhaltens, keine Sache zwingender Beweise und keine Sache der moralischen Verpflichtung, aber getragen im Vertrauen auf die Vernunft: daß sie uns nicht zu einer Zielsetzung verpflichtet, für deren Erreichen die Bedingungen ausbleiben. So (und nicht im Sinn des kirchlichen Glaubens) will der Ausdruck "Glaubenssachen" verstanden werden.

6. Kants transzendental-kritische Verwandlung der Metaphysik

Kant beschließt die "Kritik der teleologischen Urteilskraft" mit einem Abschnitt, der den unscheinbaren Titel "Allgemeine Anmerkung zur Teleologie" trägt, in Wahrheit aber wesentliche Ausblicke auf die transzendentale Metaphysik eröffnet.

Die die Metaphysik umwandelnde These Kants lautet: Bezüglich der Erkenntnis des höchsten Seienden, des Weltgrundes, muß die theoretische Vernunft alle Ansprüche aufgeben. Das Dasein Gottes ist eine Glaubenssache der praktischen Vernunft. Diese These in eins mit der Umgestaltung der Metaphysik wird von Kant in diesem Abschnitt nach allen Seiten noch einmal aufgewiesen und begründet.

Alles Fürwahrhalten durch Beweis muß sich auf eine Tatsache gründen, wenn es nicht grund- und bodenlos sein soll. Nun gibt es in den Beweisen einen grundsätzlichen Unterschied: Entweder wird auf die Tatsache ein Fürwahrhalten der aus ihr gezogenen Folgerung als Wissen für die theoretische Erkenntnis gegründet oder bloß als Glaube für die praktische Erkenntnis. Nun gehören alle Tatsachen entweder zum Naturbegriff oder zum Freiheitsbegriff. Der Naturbegriff beweist seine Realität an Gegenständen der Sinne, die vor dem Begriff von ihnen schon gegeben sind (Natur ist der Inbegriff des von sich her schon Vorliegenden, das sich in den Sinnen bekundet). Der Freiheitsbegriff beweist seine Realität durch seine möglichen Wirkungen - sittlich freie Handlungen - in der Natur oder Sinnenwelt. Hier ermöglicht der Begriff den Gegenstand; er geht dem Gegenstand voraus, da er die Wirkung des Freiheitsbegriffes ist. Beides, der Gegenstand des Naturbegriffs sowie der Gegenstand des Freiheitsbegriffs (Objekt der sittlichen Praxis), sind *Tatsachen* und können als Gründe für ein Fürwahrhalten gebraucht werden.

Der Naturbegriff ist nun entweder metaphysisch, d.h. völlig *a priori*. In diesem Falle wird durch ihn ausgemacht, was zum Sein des Seienden überhaupt gehört, ohne daß die Erfahrung, also die Wahrnehmung, dabei in Anspruch genommen wird. Dieser Naturbegriff ist rein ontologisch. Oder er ist physisch, d.h., er ist nur aufgrund einer bestimmten Erfahrung, also auf der Basis von Wahrnehmungen denkbar. Auf beiden Begriffen werden nun Gottesbeweise errichtet: der ontologische Gottesbeweis einerseits, der rein aus dem Begriff dessen, was zum Sein überhaupt gehört, erfolgt, und der physikoteleologische, der eine bestimmte Erfahrung zugrunde legt, nämlich die Zweckbeziehung innerhalb der Natur.

Beide Beweisarten erweisen sich als unmöglich. Der moralische Beweis bleibt dagegen von allem, was der Naturbegriff enthält, verschieden, so daß er eines wesenhaft andersartigen Beweisgrundes bedarf, um zu bestehen. Deshalb würde er auch dann in Kraft bleiben, wenn es keinen oder doch nur einen zweideutigen Stoff für eine physische Teleologie gäbe, wenn also die Natur keinen Grund enthielte, auf eine verständige Weltursache zu schließen. Auch dann würde die Vernunft im Freiheitsbegriff und in der darin begründeten sittlichen Idee einen praktisch hinreichenden Grund finden, den Begriff der Weltursache der Idee der Gottheit gemäß zu denken und sowohl die Natur ihrer Beschaffenheit nach als auch das Wesen des Menschen als den Endzweck der Welt zu bestimmen. Daß aber nun in der Welt, wie wir sie vorfinden, in der Tat genügend Stoff für eine teleologische Betrachtung gefunden wird, mag dem moralischen Beweis als willkommene Bestätigung dienen, ist aber kein Moment des Beweises selbst. Sie ist für den moralischen Beweis nicht erforderlich, noch dient dieser dazu, den Mangel des physisch-teleologischen Beweises geradlinig, gleichsam nach oben zu ergänzen. Die physische und die moralische Teleologie haben zum Fundament wesensspezifisch andersartige Begriffe. Natur und Freiheit geben also heterogene Beweisarten ab, die sich nicht zur Einheit eines Beweises zusammenschließen lassen.

Es ist klar: Wäre der physisch-teleologische Beweis hinreichend, dann würde es eine theoretische Erkenntnis der göttlichen Natur und ihrer Existenz als Erklärungsgrund der natürlichen und der sittlichen Welt geben. Und ebenso würde eine rationale Psychologie, eine Erkenntnis der Seelenunsterblichkeit möglich sein. Aber beides vermag die theoretische Vernunft aus einsichtigen Gründen nicht zu erfüllen. Eine metaphysische Theologie ist nur möglich, wenn sie auf das Freiheitsprinzip gegründet ist, und eine Psychologie ist nur möglich als Anthropologie, als Erforschung des lebendigen Menschen. (Es ist kein Zweifel, daß die Psychologie im 19. Jahrhundert diesen Weg ausschließlich beschritten hat. Die Frage ist nur, ob die moderne Psychologie auch das Freiheitsprinzip zureichend in den bestimmenden Ansatz bringt, wenn sie den Menschen erforscht.)

Der Hauptgrund für die Unfähigkeit der physischen Teleologie, eine Theologie hervorzubringen, liegt alles in allem genommen darin, daß sie keinen bestimmten Begriff vom Urwesen gibt. Durch den Begriff ist aber ein jegliches in seinem Was und Wie bestimmt. Deshalb bedarf es zur Erkenntnis eines *bestimmten* Begriffs des zu Erkennenden. Nun leitet uns die physische Teleologie zwar auf eine verständige Weltursache, aber sie vermag diesen Begriff nicht zu bestimmen, so daß er nicht zur Erkenntnis taugt. Ist diesem Verstand, auf welchen uns die teleologische Betrachtung verweist, das Denken in höchstmöglicher Weise, also in Vollkommenheit zu eigen? Diese Behauptung hätte nur dann Bestand, wenn wir wüßten, daß ein größerer Verstand, als der es ist, dessen Bekundung wir in seinen Wirkungen in der Natur annehmen, nicht möglich sei. Aber woher sollen wir das wissen? Wie steht es ferner mit der Größe der Welt? Läßt sie den Schluß auf eine vollkommene Weltursache zu? Für diesen Schluß wäre erforderlich, daß wir alle Möglichkeiten erkennen könnten, um mit ihnen die wirkliche Weltgröße zu vergleichen. Es bleibt noch der Gedanke übrig, man könne dort, wo so viel Verstand und Macht angetroffen wird, auch Denken und Macht in der höchstmöglichen Weise annehmen. Aber das ist kein Beweis, sondern eine auf keinen Grund gestützte, also willkürliche Annahme. So gibt uns die physische Teleologie keinen *bestimmten* Begriff vom Urwesen.

Anders dagegen die moralische Teleologie: Sie führt, gegründet auf ein Prinzip a priori, zu dem, was zur Möglichkeit einer metaphysischen Theologie gehört: zur Weltursache, die nach moralischen Gesetzen wirkt und die dem Endzweck Genüge tut. Mit ihr sind der Idee der Gottheit gemäße Eigenschaften ebenso verbunden wie die zum Endzweck gehörenden, also die Unzerstörbarkeit durch den Tod, den der Mensch als Naturwesen stirbt.

Die moralisch-metaphysische Theologie führt auch unmittelbar das Gottesverhältnis des Menschen bei sich. Denn man bedenke: Würde sich das Gottesverhältnis auf theoretische Beweisgänge gründen, dann könnte es geschehen, daß jemand plötzlich nicht mehr weiß, ob es einen Gott gibt, weil er die Beweise vergessen hat oder sie nicht exakt zu vergegenwärtigen vermag. Anders steht es mit der moralisch-metaphysischen Theologie. Der uns von der praktischen Vernunft vorgehaltene Endzweck impliziert einen *bestimmten* Begriff von der Gottheit und dessen Existenz, und zwar in freier Anerkennung einer freiheitlich-sittlich konsequenten Denkungsart. Aber selbst wenn es gelänge, einen bestimmten Begrifff vom Urwesen auf theoretischem Wege zu finden, so würde es doch große Schwierigkeiten bereiten, ihm eine Kausalität nach moralischen Gesetzen beizulegen, ohne die der theologische Begriff kein Gottesverhältnis des Menschen begründet. Selbst wenn es gelänge, einer göttlichen Weltursache Allmacht und Allwissenheit als aus theoretischer Vernunft gegebene Begriffe beizulegen, von denen aus die sittlichen Begriffe auf das Verhältnis zu dieser Weltursache anzuwenden wären, so würde dies doch den Charakter einer nur von außen abgenötigten Unterwerfung erhalten. Wir würden den sittlichen Forderungen gemäß handeln, um uns entweder in die Gunst dieses allwissenden und allmächtigen Gottes zu setzen oder aus Furcht vor Bestrafung durch ihn, also aus nicht-moralischen oder wohl gar aus unmoralischen Motiven.

Anders verhält es sich mit der auf die Freiheit gegründeten Theologie. Hier verfolgt der Mensch aus Achtung vor dem Gesetz den Endzweck, den uns die eigene Vernunft frei vorhält. Und wir nehmen die dessen Ausführbarkeit ermöglichende Ursache mit Ehrfurcht in unsere moralischen Ansichten auf.

Wenn man schließlich noch die Frage stellen will, weshalb uns denn überhaupt an einer metaphysischen Theologie gelegen sei, so lautet der Bescheid aus Kants Transzendentalphilosophie: nicht zur Erweiterung der Naturerkenntnis und der theoretischen Erkenntnisse überhaupt, sondern allein zum praktischen Gebrauch, also nur im Hinblick auf eine durch Freiheit mögliche Realitätserfüllung unseres freien Selbst. Damit stimmt überein, daß das einzige Argument, das zu einem bestimmten Gottesbegriff führt, selbst moralischer, also freier Natur ist. Es widerspricht auch nicht dem in der "Kritik der reinen Vernunft" erbrachten Nachweis, daß die Kategorien, also die allgemeinen Seinsbestimmungen, nur in Anwendung auf Sinnesgegenstände Erkenntnisse hervorbringen. Denn sie werden freilich in der Ethikotheologie auf Gott angewendet, aber nicht zur Erkenntnis dessen, was Gott in seiner unerforschlichen Natur an sich selbst sei, sondern nur im Hinblick auf unsere Willensbestimmung.

So ist noch einmal klar geworden, daß und weshalb und in welcher Weise eine Ethikotheologie möglich ist. Das heißt aber nicht, daß es eine theologische Ethik gebe. Sie ist vielmehr unmöglich. Denn Gesetze, die die Vernunft nicht selbst gibt, können nicht moralisch sein. Ihrer Befolgung lägen nicht-moralische Motive zugrunde.

Ebenso wäre eine theologische, also in der Theologie gegründete Physik ein Unding. Denn eine theologische Physik würde nicht Naturgesetze, sondern Anordnungen eines höchsten Willens vortragen. Das Äußerste, was Kant in dieser Richtung zugesteht, ist, daß die physischteleologische Theologie als Propädeutik zur eigentlichen, zur metaphysisch-moralischen Theologie dienen kann, sofern sie Naturzwecke zum Gegenstand hat und die Suche nach einem Endzweck veranlassen kann, der in der Natur nicht angetroffen wird. So mag sie immerhin das Bedürfnis nach einem bestimmten metaphysischen Begriff vom Göttlichen fühlbar machen, ohne imstande zu sein, einen solchen Begriff hervorzubringen.

Es ist aber auch klar, daß die metaphysische Ethikotheologie nicht für Naturerkenntnisse gebraucht werden kann. Das wäre ein Mißbrauch. Dieser Mißbrauch würde die Naturgesetze in Willensdekrete umfälschen. Wäre dann Natur nicht mehr Natur. So bleibt es dabei, daß die Metaphysik Sache einer in der Idee der Freiheit gegründeten, konsequenten freien Denkungsart des Menschen ist.

Nachdem wir zum Abschluß der Darstellung von Kants transzendentaler Metaphysik gekommen sind, denken wir noch einmal an die Absicht, die unser Vorhaben leitete. Die Darstellung der transzendentalen Metaphysik Kants in Verbindung mit der Frage nach Wesen und

Wesensmöglichkeit der Naturwissenschaft war der Versuch, Kants Gedanken zu uns sprechen zu lassen, und zwar von ihnen selbst her und nicht in der Weise einer künstlich erzwungenen Aktualisierung von Problemen, die im Augenblick gerade akut sind, - aber zu uns, die wir hier und heute in einer physisch, psychisch und geistig vergifteten Welt zu leben haben.

Im Zentrum stand, bald mehr, bald weniger offenkundig, überall der Mensch, d.h. der Bestimmungsgrund seiner Existenz und seine wesentliche Möglichkeit als Mensch. Zum Wesen des Menschen als Menschen aber gehört die Welt, d.h. das Zweifache der transzendentalen und der transzendenten Transzendenz. Ob die Gedanken Kants, wenn wir sie selbst zu uns sprechen lassen, etwas für die Rettung des Menschen in dieser vergifteten Welt bedeuten, darüber zu entscheiden war nicht mehr Sache der Vorlesung. Das muß vielmehr jeder einzelne von uns mit sich selbst ausmachen.

Nachwort der Herausgeber

Bei der vorliegenden Kant-Interpretation handelt es sich um eine Vorlesung von Karl-Heinz Volkmann-Schluck (1914-1981), die er im Sommersemester 1978 an der Universität zu Köln gehalten hat. Gliederung und Kapitelüberschriften der Teile I und II der Vorlesung sowie die Anmerkungen sind von den Herausgebern hinzugefügt worden.

Eine Bibliographie der Veröffentlichungen von Karl-Heinz Volkmann-Schluck findet sich im Anhang der Vorlesung "Die Philosophie Nietzsches".[1] 1992 ist eine weitere Vorlesung, "Die Philosophie der Vorsokratiker", erschienen.[2]

Die Herausgeber danken Irene Goldfuß für ihre Hilfe bei der Manuskripterstellung.

Bayreuth und Köln, im Oktober 1993 L. K. und I. S.

---

[1] Karl-Heinz Volkmann-Schluck, Die Philosophie Nietzsches. Der Untergang der abendländischen Metaphysik. Hrsg. von Bernd Heimbüchel. - Würzburg: Königshausen und Neumann, 1991.

[2] Karl-Heinz Volkmann-Schluck, Die Philosophie der Vorsokratiker. Der Anfang der abendländischen Metaphysik. Hrsg. von Paul Kremer. - Würzburg: Königshausen und Neumann, 1992.

Von Karl-Heinz Volkmann-Schluck ist im Verlag K&N bereits erschienen:

Die Philosophie Nietzsches
Der Untergang der abendländischen Metaphysik

hrsg. v. Bernd Heimbüchel

278 Seiten, Broschur mit Fadenheftung, DM 48,– (1991) / ISBN 3-88479-622-4

Volkmann-Schluck überprüft – in gemeinsamem Philosophieren *mit* Nietzsche – dessen Thesen auf ihre innere Konsistenz, indem er sie argumentativ entfaltet. Die Bedeutung des Diktums vom Untergang der abendländischen Metaphysik für die Philosophiegeschichte wird ausgelotet; diese Nietzsche-Vorlesung ist damit durch ihr Thema heute mehr denn je von aktueller Bedeutung.

Die Philosophie der Vorsokratiker
Der Anfang der abendländischen Metaphysik

hrsg. v. Paul Kremer

158 Seiten, Broschur mit Fadenheftung, DM 38,– (1992) / ISBN 3-88479-706-9

In dem vorliegenden Band deckt Volkmann-Schluck den ‚Ursprungs'-Charakter des vorsokratischen Denkens auf. Entgegen der die weitere Auslegung leitenden aristotelischen Sicht der Vorsokratiker weist Volkmann-Schluck nach, daß der ‚Anfang' des vorsokratischen Denkens reicher ist als alles Spätere.